発達障害がある子の会話力がぐんぐん伸びる

おうち療育

ょう!

視覚発達支援センター
学習支援室 室長
柳下記子

漫画
野波ツナ

kokoro library
講談社

お父さん
お母さん
こんなことが
心配になって
いませんか？
うちの子
友達とうまく
やれてるかしら…
教室で先生に
迷惑をかけて
いないだろうか…
学校に
なじめて
いるかなあ…？
この本には
そんな不安を
解消できるヒントが
詰まっていますよ！
こんにちは！
柳下記子（やぎしたのりこ）です
私はこれまで
20年以上
発達がゆっくりな
子どもたちの支援に
携わってきました

のんびりした子
しっかりした子
恥ずかしがり屋の子
不愛想な子
幼稚園や小学校にはいろんな子がいますよね
でもどんなに個性的でも「きちんとあいさつできる」「話をちゃんと聞ける」といった**基本的な会話力**が身についていれば…
ありがとうございます！
それなりにうまくやっていけるものなんです
あら
けっこういい子じゃない

この本では楽しく生活するために必要な「話す力・聞く力」をぐんぐん伸ばす方法をお教えします！
マンガだから読みやすい！
一目でわかりやすい！
すぐ始められる！
私が現場で実践してきたなかで
これなら子どもに伝わる！
――と確信できた方法を本向けにアレンジして紹介していきます
付録として簡単な教材もつけました！
それでも本書の目次を見てこう考える方がいるかもしれません
えっ「あいさつ」？
「自己紹介」？

それくらい
教えられなくても
わかるだろ
ブブー
これは
誤解です
発達がゆっくりで
なかなか身につかない
お子さんもいます
気づかず成長すると
こんなことが
起こるケースも…
6年生になっても
あいさつできない
あの子うちに
遊びに来て
何も言わないわ
中学校で
友達の気持ちを
くみとれず
トラブルに
わからない
のかよ！
大人が「当たり前」と
思うようなことでも
あいさつ
表情
声の
大きさ
姿勢
他の子みたいに
ちゃんと
しなさい！
できるだけ
早いうちから
くり返し何度も
言って聞かせて
教えてあげる必要が
あるんです！

素人がやるより先生や専門家にまかせたほうがよくないかしら？
ブブー
これも誤解です
誰かの手を借りるのはOK！でも親御さんにもぜひ取り組んでほしいんです！
子どもに教えている時間は**親子が交流するまたとない機会**になります
おとうさんがいろんなことおしえてくれた
おかあさんにほめられた！
うれしいな
こういう小さな喜びは子どもの心に**親への信頼感**を育みます

親への信頼感があれば家が子どもの**安心できる場所**になり——
反抗期
受験
進路選択
こういったいずれ必ずやってくる試練も一緒に乗り越えていけるのです！
私たちがこの子を支えるんだ！
そんな気持ちでできる限り時間を割いて接してあげてくださいね！
本書では小学校２年生くらいまでのお子さんへの教え方を詳しく説明しています
でもそれ以上の年齢の子でも「これはできてないかも」と思うところがあれば紹介している練習法をぜひ試してみてください

がっこうがたのしい
ともだちがふえた
ほめられるようになった
親子関係がよくなった
こんなふうに笑いあえる日が増えていきますよ！
では！さっそく始めましょう！

プロがしている支援を みなさんのご家庭で！

最近は発達に凸凹のある子どもへの理解が進み、支援のプロが増えました。療育に使える教材も簡単に購入できます。インターネットの検索サイトや通販サイトで「療育　教材」「絵カード」などのキーワードで検索してみてください。きっと多くの商品を見つけられることでしょう。

でも、目の前にいる「この子」に合うサポートや教材を見つけ出すのは至難の業。よくある絵カードひとつとっても、使い方がわかりにくかったり、数が多すぎて大部分が無駄になってしまうこともあります。

そこで本書では、ベーシックな教材のみを厳選して付録とし、その使い方や、使いながら子どもにどう声かけすればいいか、その例に重点を置くことにしました。私が現場で実際に使っているノウハウをみっちり詰め込みましたが、できるだけシンプルにまとめたので、親御さんにも実践できるはずです。

この本を使って（あるいは内容をヒントにして）ぜひ子どもと話す時間をつくって、いろいろ教えてあげてください。子どもと一緒に教材を自作してみるのもいいでしょう。きっと親子で豊かな時間が過ごせると思います。そんな時間の積み重ねこそ、子どもの成長にとって何より貴重な糧になるのです。

目次

ブックデザイン：TYPEFACE（渡邊民人＋谷関笑子）
DTP：朝日メディアインターナショナル

STEP 1
子どもを上手に練習に誘うコツ

みなさん
こんなことで
悩んだり
していませんか？
悩める母
子どものために
いろいろ教材を
買ったんですが…
あれこれ
てんつなぎ
やって
みようよ
え〜
ヤダ！
そとであそぶ！
——と
ほとんど
やらないんです
どうすれば
子どもがやる気に
なってくれるか
よくわからなくて…
なるほど
空回りしてばかりでは
親御さんがたいへん！
でも子どもに強制する
のもイヤですよね！
まずは
誘うタイミングと
上手な誘い方を
おぼえましょう！

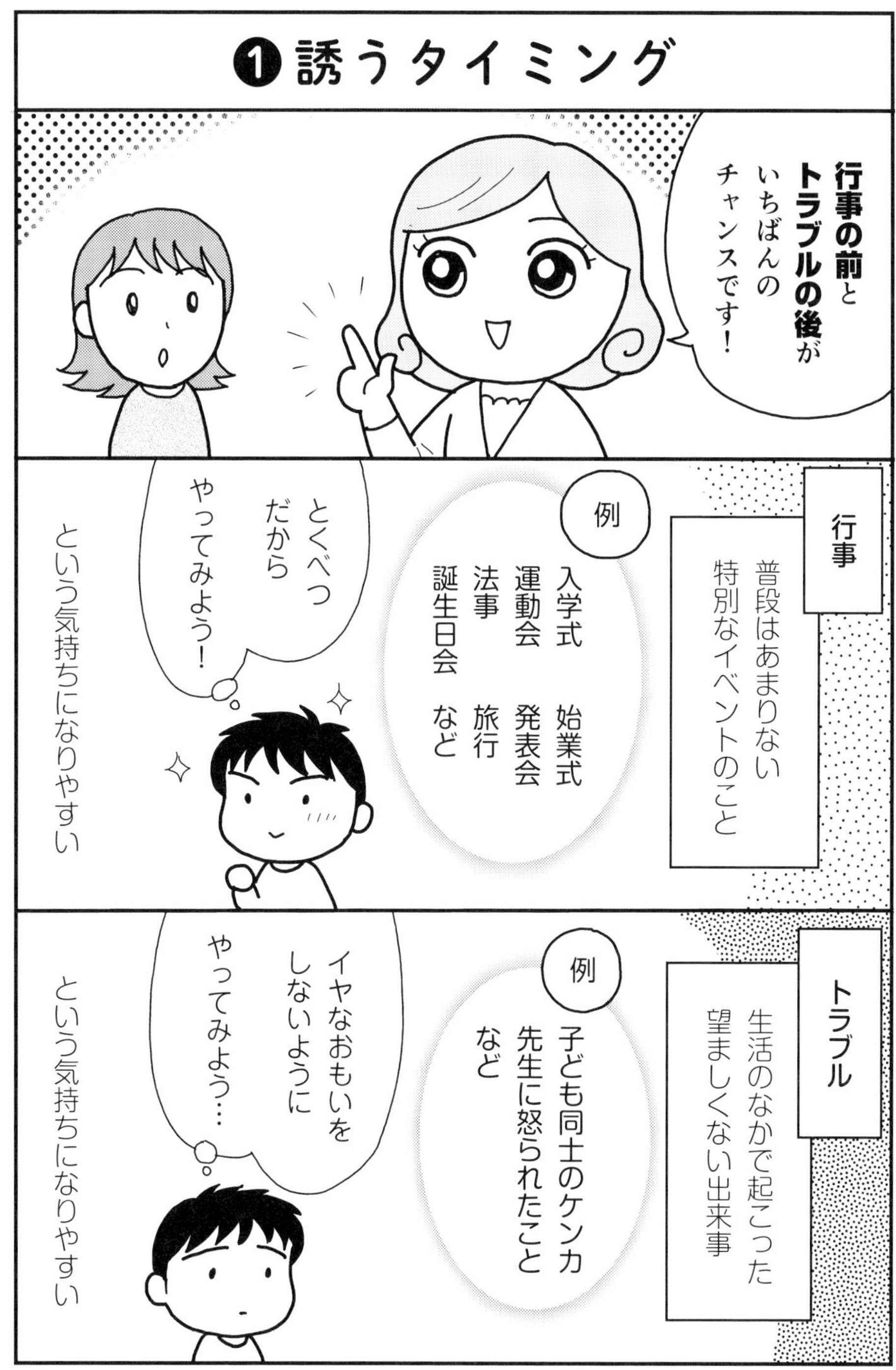
❶誘うタイミング
行事の前と
トラブルの後が
いちばんの
チャンスです！
行事
普段はあまりない
特別なイベントのこと
例
入学式　始業式
運動会　発表会
法事　旅行
誕生日会　など
とくべつ
だから
やってみよう！
という気持ちになりやすい
トラブル
生活のなかで起こった
望ましくない出来事
例
子ども同士のケンカ
先生に怒られたこと
など
イヤなおもいを
しないように
やってみよう…
という気持ちになりやすい

❷上手な誘い方
ポジティブに誘いましょう！
ポジティブ
ネガティブ
ポジティブに…？
A
できてないんだからやらなきゃダメよ！
B
上手になったらみんなからほめられるよ！
あなたならどちらの言葉でやる気になりますか？
それはBですね！
もちろん
そうですよね
「できていないから」と否定的に言うのではなく
できると「カッコよくなる」「楽しくなる」「嬉しいことがある」だから練習しよう！
——と前向きに誘うのがコツです
なるほど〜

たとえば
具体的には
こんなふうに
してみましょう
行事の前
そういえば
明日から学校で
あいさつ運動が
始まるでしょ？
あいさつしよう
うん
1年生らしく
「おはようございます！」
って元気よく言えたら
カッコいいよね！
おはよう
ございます！
カッコ
いい…
そうかも！
今からちょっと
練習してみようか
うん
何の役に立つか
どんな「いいこと」
があるか
具体的に伝えるのが
ポイントです
「こんないいことがある」
と言われれば　誰だって
やりたくなりますよね！

トラブルの後
どうしたの？
マサオくんとケンカした
あらら…
そっか…ケンカイヤだよね
うん……
何があったの？
そのときどんな気持ちだったか一緒に振り返ってみようか
少し単純化しましたがこう穏やかに誘うことで大人もしっかり話を聞く姿勢になれるでしょう
子どもの話をしっかり聞くことで**信頼関係が深まります**
あのね…
その意味ではトラブルや困りごとは**実はチャンス**なんです

行事の前と
トラブルの後…
どちらで誘うにしても
共通して大事なのは
子どもを否定しない
こと
NG
今のあなたは
ダメだから
練習しよう！
ダメなの？
GOOD
今のあなたに
プラスして
レベルアップ
していこう！
レベルアップ♪
この気持ちを
誘う側が持っている
ことが大事です！
行事やトラブルが
ないときでも
コミュニケーションの
練習ができると
いいんですが……
日常的には
なにか…
うん
うん
その気持ち
よーく
わかります！
でも　日常で
やりすぎてしまうと
子どもの心に
練習
しようよ
またか……
うんざり
——と
マイナスの気持ちが
わいてしまうことも…

練習のチャンス（例）
はじめは
大きな行事や
トラブルの後に
やってみて
だんだんと
日常の出来事も
練習の機会として
活かすように
してみましょう！
近所に買い物に
出かけるとき
今から
お店に
行くよ
言葉づかいが
ちょっと変だったとき
ぼくが
くれるの？
友達と
軽く口論に
なったとき
オレが
さきだぞ
ちがう
だろー
軽く注意されて
しまったとき
静かに
してね
普段の小さな積み重ねで
日常がいつのまにか
ルールやマナー練習の場に
なっていく――
というのが理想的です！
レベル
アップ
したね！
やったー

STEP 2
子どもが
ぐんぐん伸びる
言葉かけ

がんばって
練習を始めた
親御さんから
こんな相談を受ける
ことがあります
うちの子は
できないことが
多くて…
育児書によく
書いてあるように
「ほめたい」とは
思うんですが…
でも
とても無理！
イライラして
つい怒って
しまいます――
何度も
言ったでしょ
ちゃんと
して！
お子さんのことが
心配だからこそ
「できないこと」が
気になる場合も
ありますよね…
でも
「ほめるのは無理」
と決めつけないで！
大人だって
怒られてばかりだと
イヤですよね？
子どもも
同じです！
まだ
できないのか！

評価してもらえないのに「やってみよう」などと思う人はいません
わたしはダメなこ…
なにやってもムダなんだ…
叱られてばかりではこんなネガティブな自己イメージが根付いてしまいます
そうならないよう子どもに声をかけるコツを身につけましょう！
それはこの2つ！
①できたところを見つける
②「できたね」と声をかける
これだけでいいんですか？
本当に？
これだけです！
もう少し詳しく説明しますね！

①できたところを見つける
たとえば あいさつを するとき
先生
あ…
えーと…
もじ もじ
「こんにちは」でしょ！
ああ もう…
上の場面 あいさつの言葉は 出ていませんが 子どもが できていることは たくさん ありませんか？
?
●きちんと先生の ほうを見ていた
●言うことを思い 出そうとしていた
すぐに2つも 見つかりました！
「望ましくないこと」を しなかった という点に 注目してもOKです
●いつもはうつむいたままなのに 今日はそうじゃなかった
●いつもはまわりの人に気づけない のに今日はそうじゃなかった
ほら！ もう4つも ほめられるところ が見つかりました
えーっ
こういうことで いいんですね！

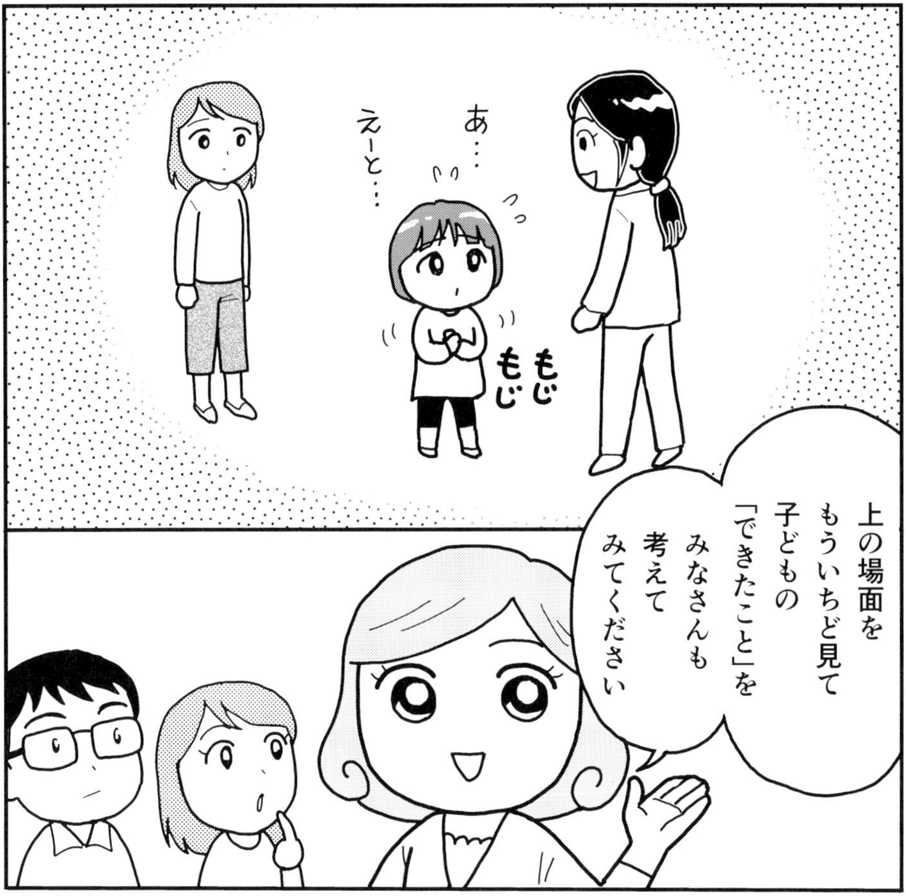

あ…
えーと…
もじもじ
上の場面をもういちど見て子どもの「できたこと」をみなさんも考えてみてください

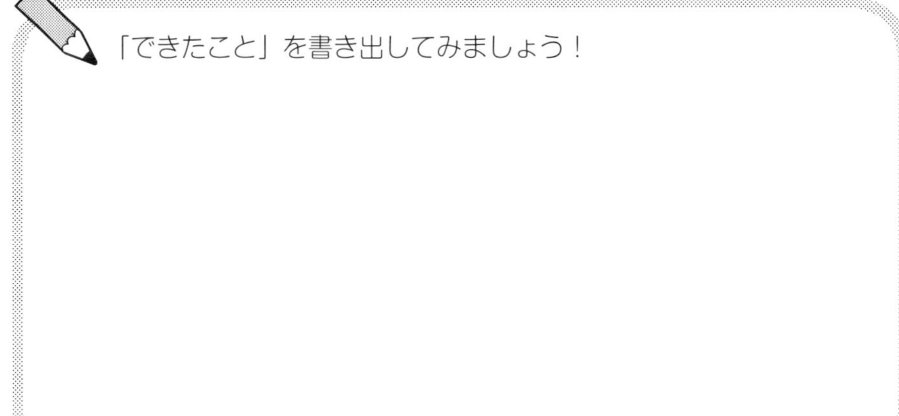

「できたこと」を書き出してみましょう！

②「できたね」と声をかける
「できたこと」が見つかったらできるだけ早くそれを子どもに伝えましょう！
たとえば…
●きちんと先生のほうを見ていた
きちんと先生のほうを見ていたね！
●言うことを思い出そうとしていた
あいさつしようとしてたね！
がんばってた！
●いつもはまわりの人に気づけないのに今日はそうじゃなかった
先生がいることに気づけてたね！
いいよ！
これだけで十分子どもを肯定する言葉になりますね
なるほど～！
もう一歩進んで…
次はママと一緒に「こんにちは」って言えるといいね！
…と付け加えてできていない行動にさりげなく気づかせてあげられれば完璧！

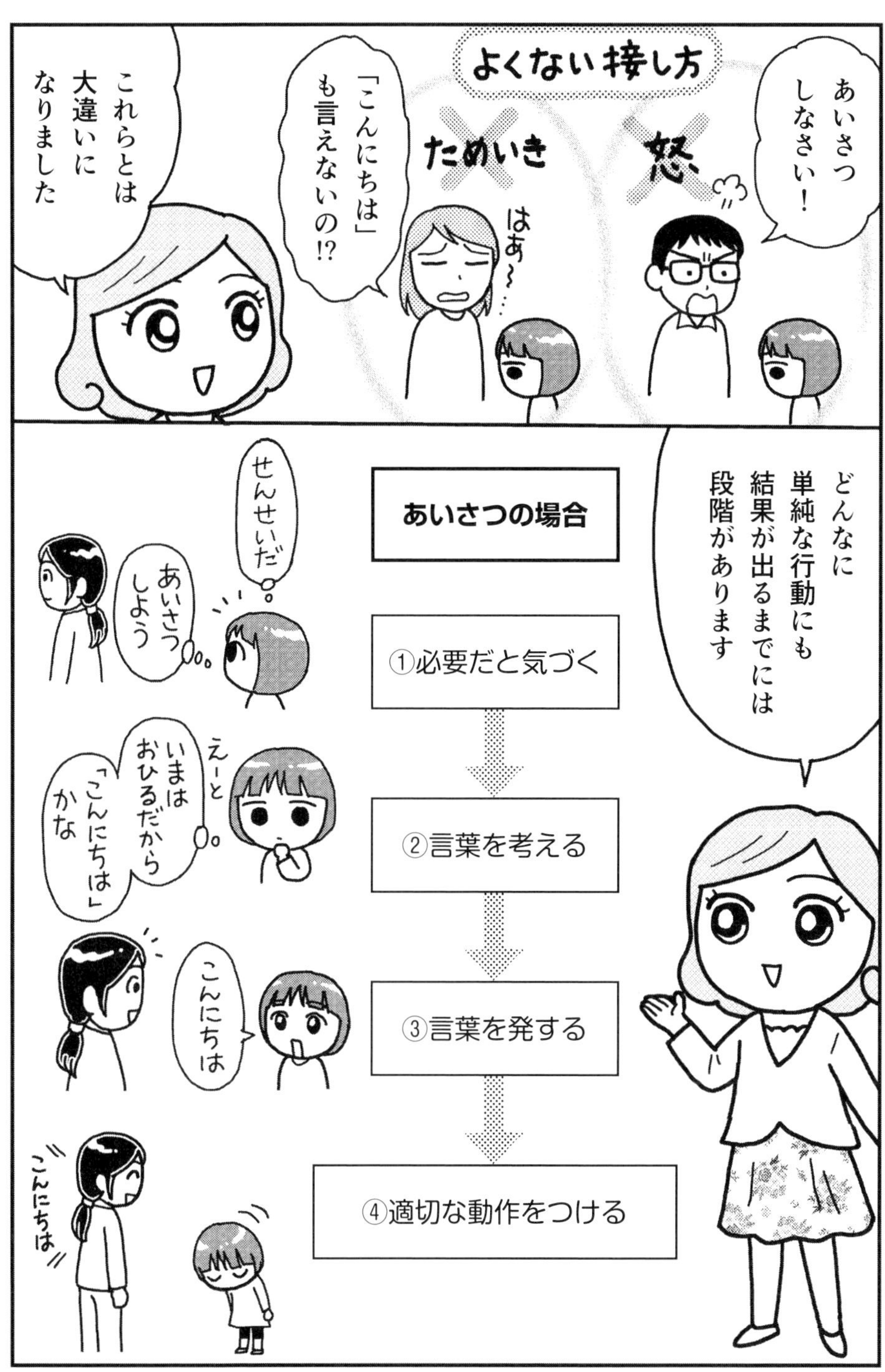
よくない接し方
あいさつしなさい！
怒
ためいき
「こんにちは」も言えないの!?
はあ～…
これらとは大違いになりました
どんなに単純な行動にも結果が出るまでには段階があります
あいさつの場合
①必要だと気づく
②言葉を考える
③言葉を発する
④適切な動作をつける
せんせいだ
あいさつしよう
えーと
いまはおひるだから「こんにちは」かな
こんにちは
こんにちは

どの段階でもいいので「ここはできた！」というポイントを親が見つければ
それが「ほめポイント」になります
そしてほめるときは具体的に伝えるのも大切です
具体的…？
さんかく
できたね！
うれしいけどなんでほめられたのかな…？
これでは次につながりません
残念
マル！
一人であいさつに挑戦できたね！
えらいよ
あいさつをがんばったのがよかったんだ！
そうか！
何をほめているか詳しく伝えている
このように声かけすることで「自分にもできる」「またやってみよう」とポジティブなイメージが子どもの心に根付きます

とっさにいい言葉が出てくるかしら
言葉がうまく出ない場合は**動作をつける**といいですよ
目と目を合わせてニッコリ
OKサイン
こういうジェスチャーに言葉を添えてもいいですね！
ガッツポーズ
親指を立ててGOOD！
バンザイ
ピースサイン
お子さんの個性や発達段階に合わせて工夫してみましょう

子どもをほめるときのポイント

●できたところを見つけて伝える

些細なことでいいし、「できたところまで」で構いません。
「25%でほめる」の意識を持つといいですよ！

●具体的に何がよかったか伝える

はっきり伝えれば、子どもは同じ「いい行動」をまたしてくれます！
「望ましくないことをしなかった」という点をほめても構いません

●その子に合ったほめ方をする

動作やジェスチャーをつけたり、その子が理解できる言葉を選ぶなど
工夫を続けていきましょう！

身につけておきたい考え方

●リフレーミング（見方を肯定的に変える）

視点を変えて短所を長所に読み替えると、「ほめポイント」が増えます

例）騒がしい・うるさい ➡ にぎやか・元気
頑固・こだわる ➡ 信念がある
消極的・気が小さい ➡ 慎重・注意深い
まだ着替えていない ➡ 今着替えようとしている

●結果が出なくても「よし」とする

子どもが取り組もうとしていたり、意欲が少しでも見えたら
「がんばろうとしていたね」と評価してあげましょう！

これから先
本書で紹介する
練習をやってみると
できるときも
できないときも
あると思います
この前は
言えたのに
……
練習したことを
活かせるときも
活かせないときも
あるでしょう
そんなとき
ぜひとも
このSTEPで
詳しく説明した
「ほめ方」を
心がけて
ください
また動作も
取り入れて
工夫してみて
ください！
子どもがきっと
前向きになって
くれますよ！
おじぎが
できたね
ではいよいよ
次のSTEPから
コミュニケーションの
練習に入りましょう！

市販の教材を上手に使おう！

教材を自作することが多い私ですが、市販品も積極的に活用しています。たとえばクリエーションアカデミーの「表情カード」は絵柄がシンプルで子どもが理解しやすく、多くの種類が入っているので、現場で重宝しています。

同社の「こころかるた」を使うこともあります。これは、一言でいうと話し手・聞き手にわかれて質疑応答するゲームですが、親子間のコミュニケーションを深めるきっかけづくりになりそうです。

また、「ことば遊び絵カード」シリーズ（すずき出版）のなかの場所を描いたカードを活用することもあります。

こうした教材を使えば、より楽しくバリエーションに富んだ練習ができると思います。ぜひ試してみてください。

45の表情を絵にした「表情カード」（右）と子ども向け「こころかるた」(撮影：小川光)

詳しい情報は→　http://www.meltcom.co.jp/（株式会社クリエーションアカデミー）

STEP 3
一緒に「あいさつ」してみよう

あなたのお子さんは
上手に「あいさつ」
できてますか？
あいさつは
コミュニケーションの
入り口！
せめて朝昼晩の
あいさつだけでも
きちんとできるよう
サポートして
あげたいですね
とはいえ大人でも
あいさつが意外に
うまくいかないこと
ありますよね
しまった
タイミング
のがした…
あっ
あの人
いたのか！
気づかな
かった…
お先に
失礼
します

たとえば…
子どもも何かの原因でうまくいかないことがあります！
ほら！なんで黙ってるの！？
叱られて萎縮している
いつ言えばいいかわからない
こんにちは
他の人と話し中
何と言えばいいかわからない
また明日ね
えーと
おやすみなさい？
どういう感じで言うのかわからない
おはようございます
顔がよそを向いてる
目を合わせない
声が小さい
そもそもあいさつの言葉を覚えていない
なんだっけ
まずは絵カードを使って**言葉**と**タイミング**を学んでもらいましょう
それがいちばんの基本です！

練習のやりかた
用意するもの
付録①「場所カード」
付録②「人物カード」
付録③「あいさつカード」
カードは親がまとめて持ちます
こんにちは
んばんは
次のような手順で明るく語りかけながら子どもに示してください
こんなとき何てあいさつしたらいいか一緒に考えてみよっか♪
ゲームだよ～
うん
朝 がっこう で
まず時間帯を伝えながら「場所カード」を提示します
がっこう

せんせい
せんせいに会いました
次に「人物カード」で会う人を指定します
さあ何てあいさつする?
「あいさつカード」は見せないで子どもに質問!
「おはようございます」!
正解!
おはようございます
正解したら一致する「あいさつカード」を見せましょう
視覚で確認させ定着をうながすのが目的です!
そしてすぐほめましょう!
バッチリ!
すごいなあ〜!

写真を使ったり
カードを自作したりして
場所や人物を自由に
増やすといいですよ！
写真を貼ったり
えき
いとこ
コンビニ
たいそうきょうしつ
おじさん
文字だけでも！
わざとあり得ない
状況を設定して
遊びをまぜると
楽しくなります
じゃあ
ともだちのいえで
うんてんしゅさん
に会ったら？
うんてんしゅさん
がいるわけ
ないよ～！
そりゃあ
そうだ！
「場所カード」と
「人物カード」を
裏返しておいて
神経衰弱の要領で
めくって出た
組み合わせで
練習しても
いいでしょう
じゃあ
場所カードを
選んでごらん
えーと…
←場所カード
←人物カード

練習するときのポイント
問題を出したら必ず子どもをよく見ましょう！
えーと
わかったらおしえてね
えーと
すぐに言葉が出てこなかったとしてもこういった点は見逃さずほめるといいですよ！
お…？
カードをしっかり見ている
何か言おうとしている
考えている様子がある
うーん
なんだっけな…

間違えた場合
間違ってるじゃないか！
できてないぞ！
こんな否定的な言葉かけは禁物です！
できるだけ肯定的な言葉にしましょう
おしい！それはお昼のあいさつだね
一部肯定
もう一度考えてみようよ
再考をうながす
STEP1でもお伝えしましたがいつでも肯定的に接してあげることが大切です
この先の練習でもポイントになるので忘れないようにしてくださいね！

Jump!

表にまとめて貼り出そう！

カードを使って練習した結果を表にまとめておけば、折に触れて復習できる教材が簡単に作れます。絵カードを使った練習を始めるとき、付録④「こんなとき、こんな人に何て言おう？　シート」を用意して、40〜41ページに図解した手順で練習してみましょう。ちなみにこのシートを使った練習では、次のような工夫もできます。

いろいろな場面を想定できる

「どんなとき？」欄を「げつようび（のあさ・ひる・よる）」「かようび（のあさ・ひる・よる）」……などと細分化すれば、さまざまなシートを作ることができます。

「できた！」を視覚化できる

たとえば子どもが上手にあいさつできたら、マスの余白にシールを貼ったり、花マルをつけたりして、ポジティブな成果を視覚化することもできます。

表情も確認できるシートにする

してほしい表情を簡単な絵で添え書きしておくと、あいさつの言葉だけでなく表情も確認できるシートになります（なお、表情の練習はＳＴＥＰ６で詳しく説明します）。

表を使ったあいさつの練習方法

❶「どんなとき？」欄を埋める

想定する時間帯を書き込みます

【例】ここでは「あさのあいさつ」で説明します

❷「ひと」「ばしょ」の列に書き込む

場面を想定して、練習したい人と場所を書き込みます。空欄をすべて埋める必要はありません

❸あいさつの練習

このSTEPのマンガで説明した手順で、あいさつを練習しましょう

【例】親「じゃあ、朝、家でおとうさんに会ったら、何てあいさつする？」
子「『おはよう』だよね！」

❹表のマスを埋める

子どもが正解を言えたら、表の該当する欄にあいさつの言葉を書き込みます

【例】❸の例のように言えた場合は「おとうさん」の列にある「いえ」の段のマスに「おはよう」と書き込みます

❺練習が終わったら

表を壁に貼ったりファイリングして復習に使います。余白や空欄に花マルや表情の絵を描いてもいいですね！

【例】たとえば「せんせい」列の「いえ」の段のマスのような、現実に想定しにくい箇所は、空欄のままでOKです

● こんなとき、こんなひとに　なんていおう？ ●

どんなとき？　あさのあいさつ

ひと／ばしょ	おとうさん	せんせい	ともだち	
いえ	おはよう			
がっこう		おはよう ございます		
こうえん			おはよう	

★付録④のシートを215%（A3）に拡大すると付録①〜③のカードがマスに収まります

こちら ヤギシタ相談室

Q 子どもが答えるまでに、ものすごく時間がかかるのですが……。

A 少し待って、そのあとヒントを出しましょう。

焦らずにしばらく待ってあげてください。どうしても言葉が出ないようなら、下のイラストのようにあいさつカードをヒントに見せても構いません。フォローして、子ども自身の口から言葉が出るように導きましょう。

Q 間違った言葉を選ぶので困ります。

A 正解・不正解にこだわらずフォローしましょう。

まずは「思い切って答えを言えた」という点をほめてあげましょう。そのうえで、できるだけにこやかに、「こっちのほうがいいよ」などの言葉をかけながらあいさつカードを

子どもに見せて正解を教えてあげてください。

Q

あいさつの言葉は言えるのですが、無表情なのが気になります。笑顔で言えるようにするには、どうすればいいでしょうか。

A

この先で表情の練習をしますが、焦らないで。

表情をつくるのが苦手な子や、言葉と表情がうまく一致しない子もいます（詳しくはSTEP6を参照）。でも、子どもに無理をさせるのは禁物。まずは、「きちんとあいさつの言葉が出ること」だけを目標に練習し、正解したらそこをほめてあげてください。

そのうえで、子どもがイヤがらず続けられるようなら、次のような練習をしてみましょう。用意するのは付録⑩「顔カード」です。

まずはすでに説明したとおりにあいさつの練習を行います。一応、簡単に手順を振り返っておくと、

（1）時間帯を伝えながら、「場所カード」で子どもに状況を伝えます。

（2）「人物カード」で会う人を指定します。

（3）親が「さあ、なんてあいさつする？」と問いかけます。

（4）子どもに答えてもらいます。

となりますが、以上の手順はマンガで説明しましたね。

ここでたとえば、子どもが「おはようございます！」と正解を言えたら、絵柄を表にした状態で下のイラストのように顔カードを広げ、こう問いかけてみましょう。

親「じゃあ、どんな顔で『おはようございます！』って言おうかな？　選んでみようか」

（と、カードを選ばせます）

子「この顔！」（と、カードを選びます）

親「そうそう、笑った顔で言えると気持ちいいね！」

子どもが適切な顔カードを選んだら、こんな

ふうにすぐほめましょう。

適切なカードを選べなかったときは、次のようにサポートしてあげてください。

①親自身がやってみせる

たとえば、親自身がいろいろな表情で「おはようございます」を言ってみせて、そのあと「どれが気持ちのいいあいさつだったかな？」といったふうに、子どもを正解に導く方法があります。こうすると、教えているほうも楽しくなってくると思いますよ。

②正解を教えてからやってもらう

子どもに正しい顔カードを示して、「こんなふうに、笑顔で『おはようございます』って言うと、気持ちがいいのよ」と教えたあとで、少し時間をおいてから、また「どんな顔で『おはようございます』を言おうか？」と質問する方法もあります。

カードを携帯して練習の機会を増やそう！

本書では家で行う練習を紹介していますが、実はちょっと工夫するだけで、外出をとてもいい練習の機会に変えることができます。

たとえば「子どもが電車のなかで騒ぐ。でも、言葉で制止するのは難しい」という状況を考えてみましょう。そんな場合でも、あらかじめ「静かに」と書いたカード（または絵カード）を用意しておき、それを見せて子どもを制止し、さらに「振る舞い方」を説明すれば、マナーを学習するいい機会になります。

あるいは、病院などで順番待ちをしているとき。本書の「場所カード」「人物カード」を鞄に入れておき、待ち時間にあいさつの練習をすれば、わざわざ家で時間をつくる必要はなくなります。

なお、携帯するのであれば、カードは下のイラストのようにラミネート加工してまとめておき、鞄に結び付けておくと便利です。うっかり散らかしたり、なくしたりする心配がありません。材料のほとんどは100円ショップで入手できます。

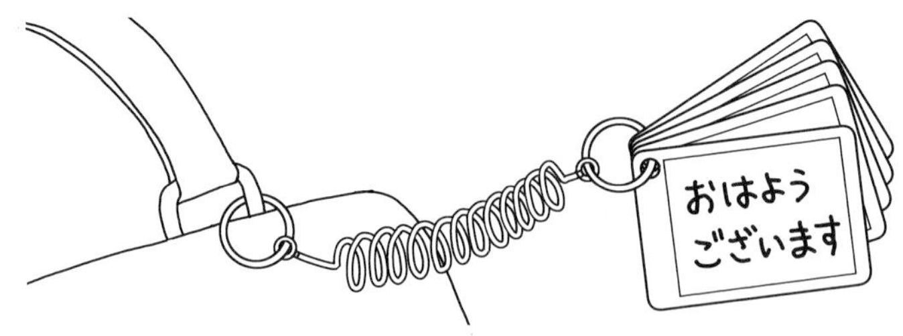

STEP 4
子どもに
上手な「自己紹介」
を教えよう

あいさつの次は「自己紹介」に進みましょう
子どもでも自己紹介の機会は意外とたくさんあるんですよ
入学式
転校
クラス替え
新しい習い事
友達の家に行く
いつも親がついている…というわけにもいきませんよね
するとこんなことも起こりがち…
……
何を言っていいかわからなくて黙る
ゆうえんちにいきました！たのしかったです！
関係のないことを話す
子どもが失敗しないためにはどうすればいいんでしょうか？
答えはかんたん！
あらかじめ**自己紹介の文を用意**しておけばいいんです！

でも親が勝手に作っては意味がありません
付録⑤「自己紹介シート」を使って親子で文を考えてみましょう！
じこしょうかいシート
1 なまえ
2 ○さい(○ねんせい)
3 ○しょうがっこう
4 がんばっていること
5 がんばりたいこと
6 すきなべんきょう
7 すきなあそび
8 すきなたべもの
9 とくいなこと
10 おおきくなったら
わたしのなまえは、 です。
よろしくおねがいします。
しょうがっこう ねん くみです。
よろしくおねがいします。
進め方
シートと筆記用具を用意して子どもを誘います
明日から2年生ね！
うん
初めての日にきちんと自己紹介できたら2年生らしくてカッコイイよ〜！
そうかも
ちょっと練習してみよっか
お母さんといっしょに
うん
STEP1を参考にうまく誘導します！

この「なまえ」のところから書いてみよう
こうやって表の10項目を順に埋めていきます！
本書のシートにピックアップした10項目は**小学校生活のなかで誰もが一度は聞かれること**ばかりです
がんばりたいこと
好きな遊び
大きくなったら
一気に埋めなくても大丈夫ですがくり返し練習に誘って全部埋めておくことをおすすめします
9 とくいなこと
10 おおきくなったら
わたしのなまえは、やまもと　はなです。
※「やまもと・はな」ちゃんの場合
表を書き終わったら今度はその下の空欄に名前だけ書いてもらい
まずは名前だけで自己紹介しましょう！
せっかく書いたのに名前だけ？
いきなり整った文章を言うのは子どもには難しいこともあります
一つずつ進めるのがポイントです！

「わたしのなまえはやまもとはなです」
おお〜!!
できたところをどんどんほめましょう！
ここまでできたら次は
場面を想定して表からふさわしいものを1項目選びます
どんな場面でもいいですよ
たとえば新学年なら…
「2年生でがんばりたいこと」を言ってみようか！
うん
じゃあさっき書いた5番のこれをここに書いてみよう
こうやって親子で文を作ってみてください
するとこんな文章ができるので…
9 とくいなこと
10 おおきくなったら
わたしのなまえは、やまもと　はなです。
わたしは　かんじを　がんばります
よろしくおねがいします。
※「やまもと・はな」ちゃんが「漢字の勉強をがんばる」と言う場合

あとは言う
練習をすれば
OK!
「わたしのなまえは
やまもとはな　です」
「わたしは
かんじを
がんばります」
「よろしく
おねがいします」
かんぺき〜!
すご〜い
シートの
いちばん下の
3行を使えば
学校名やクラスを
入れたパターンも
練習できます
よろしくおねがいします。
しょうがっこう　ねん　く
よろしくおねがいします。
自分の名前を言った後
この3行を使います!
習い事
などで
使えるわ
シートを
全部埋めると
たとえば
次のページの
例のように
できあがります
これを
机の前などに
貼っておけば
自己紹介で
何を言えばいいか
一目でわかりますね
準備OK!

じこしょうかいシート

1	なまえ	いとう　けんた
2	○さい（○ねんせい）	7さい（1ねんせい）
3	○しょうがっこう	みなみ
4	がんばっていること	けいさん
5	がんばりたいこと	「え」がうまくなること
6	すきなべんきょう	こくご、生かつ
7	すきなあそび	かくれんぼ
8	すきなたべもの	ハンバーグ
9	とくいなこと	こままわし
10	おおきくなったら	まんがをかく人

わたしのなまえは、　いとう　けんた　です。

すきなたべもの　は　ハンバーグ　です。

よろしくおねがいします。

みなみ　しょうがっこう　1　ねん　1　くみです。

わたしは　え　を　がんばりたいです。

よろしくおねがいします。

自分のことを表にまとめておけば自己紹介だけでなくいろいろな場面で役に立ちます
たとえば…
新学期の目標を発表する
ぼくはマラソンをがんばります
将来の夢を書いて教室に掲示する
大きくなったらようちえんの先生になりたいです。
山本はな
――なんてときも子どもが書くことに困りません！
また友達や先生から質問されたときもとっさに対応できるでしょう
得意なことはなにかな？
とくいなことはおりがみです！
家族でそれぞれ自分の「自己紹介シート」を作成して遊び感覚で自己紹介しあったり
お互いに質問したりすればもっと楽しくなると思いますよ！
おとうさんのすきなたべものはなんですか
オムライスとエビフライです

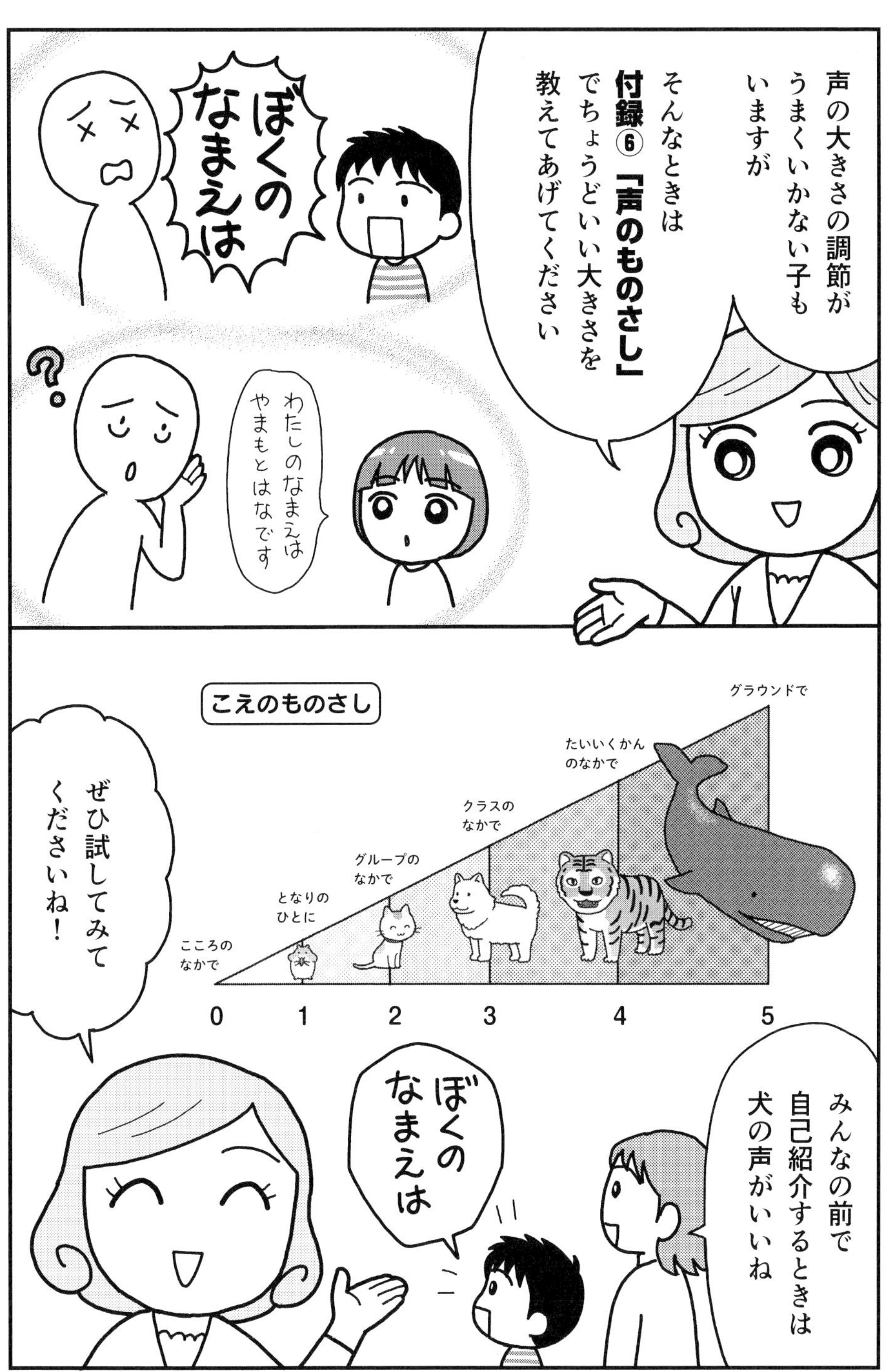
声の大きさの調節がうまくいかない子もいますが
そんなときは付録⑥「声のものさし」でちょうどいい大きさを教えてあげてください
ぼくのなまえは
わたしのなまえはやまもとはなです
こえのものさし
グラウンドで
たいいくかんのなかで
クラスのなかで
グループのなかで
となりのひとに
こころのなかで
0
1
2
3
4
5
ぜひ試してみてくださいね！
みんなの前で自己紹介するときは犬の声がいいね
ぼくのなまえは

お金がほとんどかからない 教材「手作り」のすすめ

教材を自作すると必要なものを安くそろえられます。たとえば、絵カードはコピー用紙に絵や文字を書けばできます。子どもに絵や文字を書いてもらえば遊びになりますし、ラミネートしたり、プラスチック製のカードケースに１枚ずつ入れれば長持ちします。

材料は、100円ショップにあるもので十分。ある親御さんは、100円ショップで売っているもので、下のイラストのようなスケジュールボードを作っていました。これだけで先の見通しがつき、子どもが落ち着いたそうです。

●材料

・ホワイトボード
・板状のマグネット
・テープ状のマグネット
・画用紙

①ホワイトボードは油性ペンなどで線を引いて区切っておく
②「OK」と書いた紙を板状のマグネットに貼る（何枚か作る）
③「やること」を紙に書き、裏にテープ状のマグネットを貼る
④左のイラストのように使う

STEP 5
「いい姿勢」で話を聞いてもらおう

うちの子
ちゃんと話を
聞いていない
ことが多くて…
他の子が
発表してるとき
こんな感じで…
こういう相談を
よく受けます
もちろん本当に
聞いていないケースも
あると思いますが
ほかのことに
夢中
聞いていないように
見えるだけで
実は一生懸命
耳を傾けている
ケースもあります
聞くことに
集中している
つまり
がんばって
聞いているのに
聞いて
ない！
また
よそ見してる！
と思われて
損をしている場合も
けっこうあるんです
誤解されて
怒られるのは
大人でも
イヤですよね

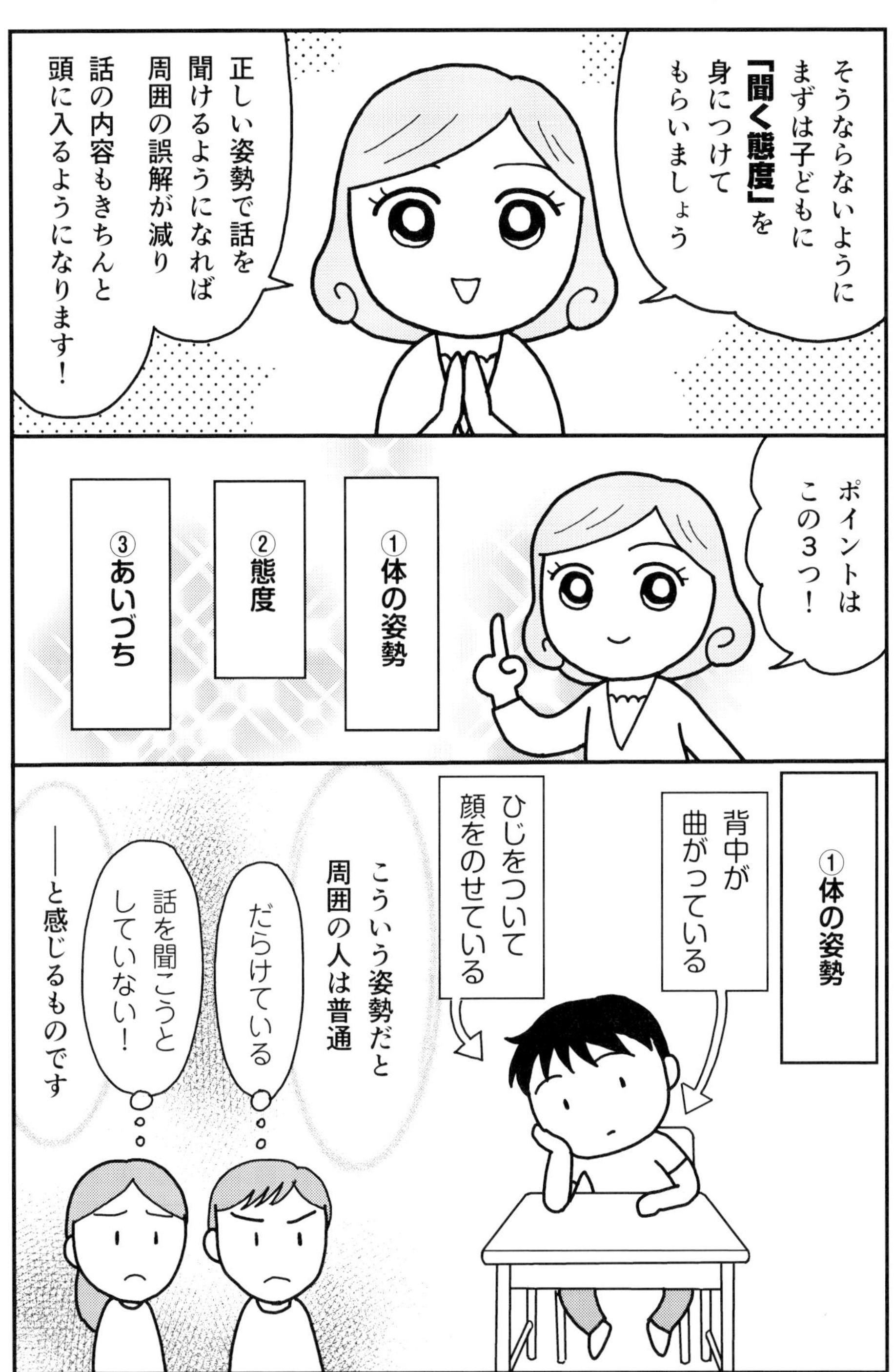
そうならないように
まずは子どもに
「聞く態度」を
身につけて
もらいましょう
正しい姿勢で話を
聞けるようになれば
周囲の誤解が減り
話の内容もきちんと
頭に入るようになります！
ポイントは
この３つ！
①体の姿勢
②態度
③あいづち
①体の姿勢
背中が
曲がっている
ひじをついて
顔をのせている
こういう姿勢だと
周囲の人は普通
だらけている
話を聞こうと
していない！
——と感じるものです

そんな姿勢をしていたらぜひ次のように体に手を当てて**「正しい姿勢」**を教えてあげましょう
❶胸と腰に親が手のひらを当てる
❷腰を押し上げるようにして背筋を伸ばしてあげる
おさえる
押し上げる
❸骨盤が立ち 体が前に少し傾いているくらいでOK
OK!
NG…
足の裏をしっかり床につける
足の裏がしっかり床についていない
姿勢がよくなると**意識もハッキリと覚醒するので**
勉強の効率アップだって期待できますよ！

このとき
背筋をピンとして！
このように声をかけるだけでは不十分です
子どもは指示に従おうとするかもしれませんが
実際はこんな感じになっていることもよくあります
顔だけ上がっている
腰は丸くなったまま
だからぜひ手を貸してあげてくださいね！
背筋をのばすと
頭がシャッキリするよ

②態度
姿勢に加えて態度も大切です
子どもにぜひ教えたいのは次の４つ！
自分の話をやめる
していることをやめる
相手を見る
最後まで聞く
あのね
この本には付録⑦「できてるかな？聞く態度シート」をつけました！
子どもと見て確認したり壁に貼ったりして使ってください
できてるかな？　きくたいど
じぶんの　はなしを　やめる
はなしつづける
くちをとじる
していることを　やめる
つづける
いったんやめる
あいて　をみる
よそみをする
あいてのかおをみる
ちゃんと相手を見てるかな？
お話を聞くときは遊ぶのやめようね

③あいづち
「相手の言葉に反応する」のは話の内容を聞いていないとできないことです
あいづちを打つことで「聞いてるよ!」という印になり
会話もつながっていきます!
たしかに!
なるほど!
どんな子でもあいづちが必要になる場面は「家庭内での会話」「友達との会話」
ですから さしあたりそれらの場面で使える4つの言葉は覚えてもらいましょう
4つのあいづち
うん うん
そうだよね
へえ～ そうなんだ
すごいね!
付録⑧「あいづちカード」は切り離してカードにしてもいいし切らずに壁に貼っても構いません
そうだよね
へえ～ そうなんだ
すごいね!
うん うん

そして
家庭での会話で
あいづちが
必要な場面を
上手につくって
カードで答えを
示しながら
教えてください

たとえば
こんな感じで

さっき
スーパーに
お買い物に
行ったんだけど

………

うん
うん

うん
うん

そうしたら
たまたま福引を
やっていたの

………

へえ～
そうなんだ

へえ～
そうなんだ

やってみたら
なんと3等が
当たっちゃった

………

すごいね！

すごいね！

※カードは実物より大きめに描いています

あいづちを言うとき
語尾を下げてしまうと
印象が悪くなるので
気をつけてください！
へえ～
そうなんだ
すごいね
へえ～
そうなんだ
すごいね
だからお子さんには
こう教えてあげると
いいでしょう
言葉の最後は
声をちょっとだけ
上げようね！
すごいね
すごいね
ひとつずつ
教えるのは大変
かもしれません
でもちょっと
できるようになるだけで
周囲の好感度は
グッと上がります！
ぜひ続けて
くださいね！

Jump!

目上の人へのあいづちの練習

たとえば学校で、先生に対して「へえ～、そうなんだ」と反応するのは、ちょっと困りものです。入学したての時期は許されるかもしれませんが、いつまでもそのままでは、親御さんも心配でしょう。目上の人に対する「あいづち」も覚えてもらいたい場合は、付録⑧の「そうですね」「いいですね」などのカードを使って練習してください。

練習の方法

●ご家庭で親御さんが先生役になって、ロールプレイしてみましょう。

●親が「いい見本」「悪い見本」を演じてみせると楽しく練習できますし、子どもの飲み込みも早くなります。

●親・子ども・先生の3人で話す機会があったら、先生の協力を得てその場で練習してみてもいいでしょう。

STEP
6
「表情」と「気持ち」を学んでもらおう

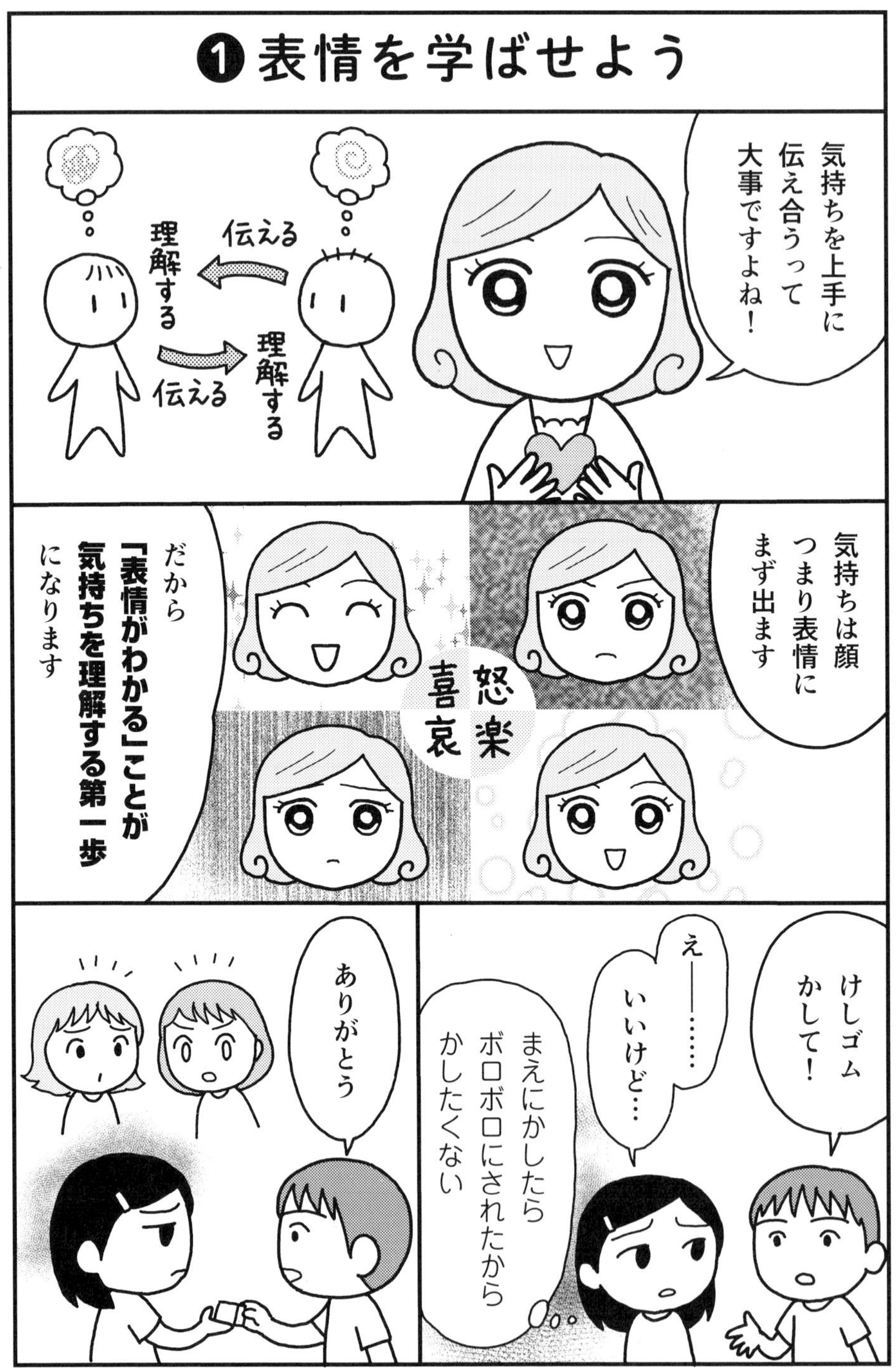
❶表情を学ばせよう
気持ちを上手に伝え合うって大事ですよね！
伝える
理解する
伝える
理解する
気持ちは顔つまり表情にまず出ます
怒
喜
楽
哀
だから「表情がわかる」ことが気持ちを理解する第一歩になります
けしゴムかして！
え――……いいけど…
まえにかしたらボロボロにされたからかしたくない
ありがとう

イヤがってるでしょ！
ひどーい！
やめてあげなよ！
「いい」っていったのに…
気持ち・表情の理解不足からくるこんなトラブルも表情がわかれば予防できますし
自分で適切な表情をつくれるようにもなります！
ありがとう
どっちが良い？
ありがとう
付録⑨「状況カード」付録⑩「顔カード」を使って親子で一緒に練習してみましょう！

①「状況カード」を用意する
まずは付録⑨「状況カード」を切って好きな言葉を書き込みカードを完成させてください
たんじょうびに
ゲーム
をもらった
さらに付録⑩「顔カード」を切り離して準備完了!
顔カード
状況カード
たんじょうびに
ゲーム
をもらった
そうじ
で
せんせいに
ほめられた
ともだち
と
こうえんで
あそんだ
ペットの
インコ
がいなくなった
②子どもに状況を伝えて表情の練習をする
状況カードを示し親が読み上げて子どもに質問します
ケンちゃんは誕生日に「ゲーム」をもらったときどう思う?
見せるだけでなく**同時に言葉でも伝えて**子どもに確実に状況を理解してもらいます
ポイント!

うれしい
じゃあ嬉しいときはどんな顔になるかな？やってごらん！
に〜〜っ
読み上げた状況と表情が合っていたらほめてあげましょう
そうそう上手〜！
さらにすかさず該当する顔カードで視覚的に確認！きちんと定着させましょう
この顔だね！

表情がうまくできないときは子どもに教えてあげましょう!
やってみせる
ママだったらこんな顔になるよ~
言葉でおしえる
口を「い」の形にしてごらん それで目を細くしてみようか!
いー
説明に加えて「顔カード」で視覚化することでより早く身につくんです
ほら これだね!
このお顔になったよ!
こんな流れでいろいろな状況を想定して練習してみましょう
「鬼ごっこの鬼になった」
おにごっこ の おにになった
しょんぼり
「嬉しい」「悲しい」「怒る」などそれぞれの気持ちと表情をくり返しやってみるといいですよ!
オリジナルのカードを作ってもいいです
「友達がウソをついた」
ともだちが ウソをついた
おこる!

③鏡で確認してみる
もうちょっと がんばれそうなら 子どもに鏡で 自分の顔を見て もらいましょう
自分の表情を 客観的に 見てもらう ためです！
ほら いい表情に なってる！
そうそう 話を聞くときは そういう顔で いるといいね
「ごめんなさい」を言うときの顔は 悲しい顔に 似てるよね
「ごめんね」って いう気持ちの顔を やってみよう
それだと 「怒ってる」 みたいだから
眉のところに 力を入れない ように――
こんなふうに 声をかけたり 一緒に鏡をのぞいて お手本を見せたり してあげてください

気持ちを
確認してから
表情をつくったり
鏡を見て
練習するのには
わけがあります！
なかには
気持ちと表情が
うまく合わない子
もいるので……
友達をぶったら
ダメだろう！
怒られたときなどに
どう
しよう
戸惑っているのに
笑った顔に
なってしまって…
へら…
なに
笑ってる！
先生は
マジメな話を
してるんだ!!
…というふうに
さらに怒りを
買ってしまうことも
あるんです！

「怒られた」など
ネガティブな状況で
表情がうまく
出ないときは
とくによく教えて
あげてください
先生に
注意されたら
どう思う？
おこる！
本当にそれで
いいのかなあ？
うーん…
かなしい！
悲しいと
どんな顔？
…そうだね
ここで紹介した
表情の練習は
気持ちと表情を
マッチングする
（合致させる）練習
でもあるんです
気持ちと表情が
合っているかどうか
チェックもかねて
ぜひ試してみて
くださいね～！

❷表情から相手の気持ちに気づく
❶では「表情」と「気持ち」の存在に気づく練習をしました！
今度はそこから少しだけ進んで**表情から相手の気持ちに気づく練習**をしてみましょう
先ほどこんなトラブルが起こりましたね
けしゴムかして！
え――……いいけど…
ありがとう
イヤがってるでしょ！
やめてあげなよ！
「いい」っていったのに…
なぜトラブルになったのでしょうか？

確かに 友達は
言葉では「いい」
と言っていますが
表情や雰囲気で
「貸したくない」
という本音を
表現していました
その本音に
気づけなかったことを
とがめられたんですね
このように
言葉だけでは
気持ちを判断
できないことが
よくあります
いいよ
いいよ…
いいよ！
子どもには
言葉だけでなく
相手の表情にも注目する
ことを学んでもらう
必要があります！
トラブルがあったときは
付録⑩「顔カード」
と白紙を1枚用意して
トラブルの内容を
子どもから詳しく聞いたあと
次のように親子で振り返って
出来事を学びに変えましょう

❶そのときの言動をフキダシで視覚化

「『消しゴム貸して』って言ったら、お友達は『いいよ』って言ったんだね？」

「うん」

「そっかあ。でも、『いいよ』にもいろいろあるんだよ」

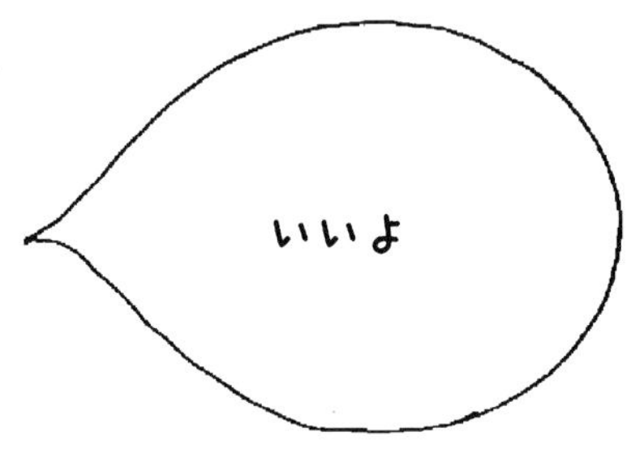

白紙を子どもと一緒に見られるところに置き、フキダシで友達の言葉を書き出して視覚的に再現しましょう。

❷顔カードを使ってマッチング

「こんなふうに笑顔で『いいよ』って、元気よく言ってくれてるんだったら、『貸してあげる』ってことだね」

「うん」

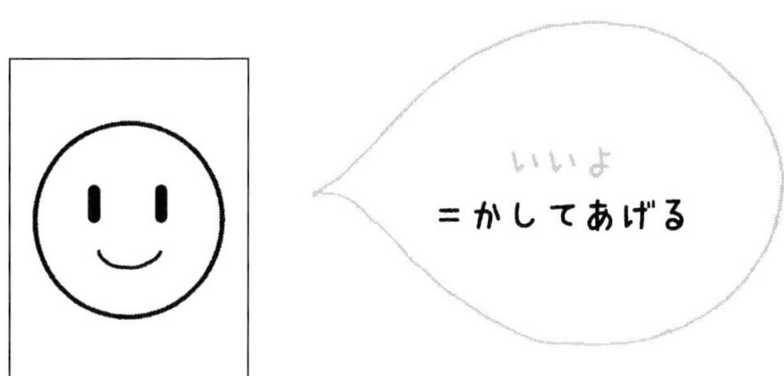

「顔カード」を置き、気持ちを追記して視覚化し表情と気持ちの対応関係を教えてあげましょう。続いて、次ページのように説明しながら新しいカードを置き、新しいセリフを書きます。

❸相手の本当の気持ちを言葉にして教える

「でもね、今回は、こんな顔で、『いいよ↓』って、元気ない感じで言ったんじゃない？」

「うーん、そうかも……」

「そんな表情のときは、本当は『貸したくない』と思っているものなのよ」

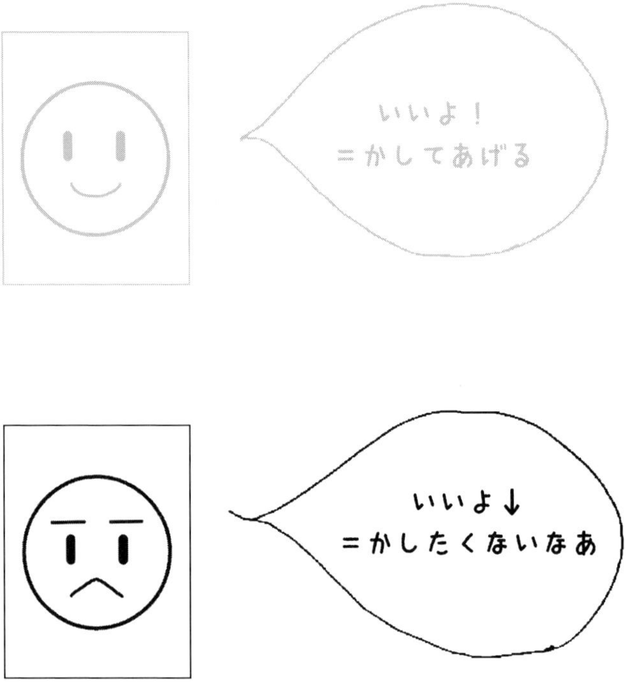

いいよ！
＝かしてあげる

いいよ↓
＝かしたくないなあ

実際の友達の表情に一致する「顔カード」とセリフで、そのときの状況を再現します。
視覚化しつつ言葉でも問いかけて、
相手の気持ちを推測するように導きましょう！

❹相手の気持ちに解説を加える

「たとえば、お友達自身が消しゴムを使おうとしてたら、『貸したくない』と思うよね？」

「うん」

「でも、『"貸さない" って言うと、ケントが困るかも／ケントに嫌われるかも』って思うから、ちょっとイヤでも『いいよ』って言うことがあるんだ」

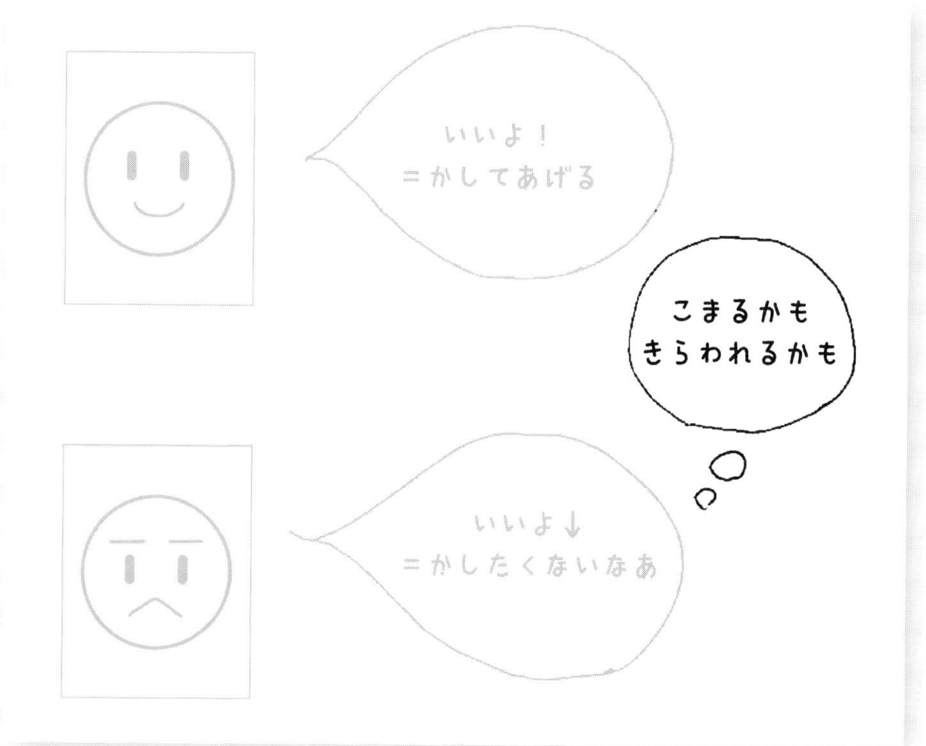

いいよ！
＝かしてあげる

こまるかも
きらわれるかも

いいよ↓
＝かしたくないなあ

ここでもすかさず視覚化です！
友達が言葉にしなかった「ホンネ」を
上のようにフキダシで再現しましょう。

それなのに
ケントが消しゴム
持ってっちゃったら
お友達は困るよね
うん…
こんなふうに
お友達にも
「気持ち」があって
それが顔に
出てることが
あるんだよ
イヤだな
かなしい
やめて！
だから返事の
言葉を聞くだけ
じゃなくて
どんな顔で
言ってるか
よく見ようね
はーい

そして
どうすれば
よかったのか
話し合って
みましょう！
今回みたいなときは
どうすれば
よかったかな？
お友達が
いやそうな
顔を
してたら…
？
…………
うーん――
「ごめん！
ムリならいい」
って自分から
やめておくのは
どうかかな？
そして
他の子に
きいてみる
とか…
そうか！
こうやって教えると
相手にも思っている
ことがある
言葉には出さなくても
本当の気持ちが顔に
出ることもある
ということを
子どもが学べます
じゃあ
この顔は？
くり返し
やってみてくださいね！

Jump!

「表情すごろく」で学ぼう！

すごろく形式にすると、ゲーム感覚で表情の練習ができます。すごろく盤の用意のしかたはA、Bと2通りありますが、どちらの場合も遊び方は同じ。86ページを参照してください。3人以上でプレイするとより面白く遊べるのでおすすめです。

①必要なものをそろえる

・付録⑨「状況カード」
・付録⑩「顔カード」
・サイコロ
・コマとして使えるもの

②すごろく盤を作る

付録⑪「表情すごろく」を使う方法と、手作りする方法の2つがあります。

A．付録⑪「表情すごろく」を使う場合

付録⑪を使いやすい大きさにコピーして貼

り合わせます。裏に厚紙などを貼れば強度が上がります。

B．すごろく盤を手作りする場合

【材料】

・大きな紙（画用紙、厚紙などなんでも）

・円形のシール（大きさはお好みで。私は直径1cmくらいのものを使いました）

・花形やハート形のシール（スタートやゴールにするので、大きめのものを用意）

【作り方】

①花形やハート形のシールを紙に貼りつけ、「スタート」「ゴール」と書きます

②円形のシールをひとつながりになるように貼ってコースを作れば完成です

ゲームの手順

❶サイコロを振ったあと状況カードを１枚めくる
❷書かれた状況を読み上げ、適切な表情をする
❸表情ができたらサイコロの目の数だけ進む
（できなかったら１回休み）

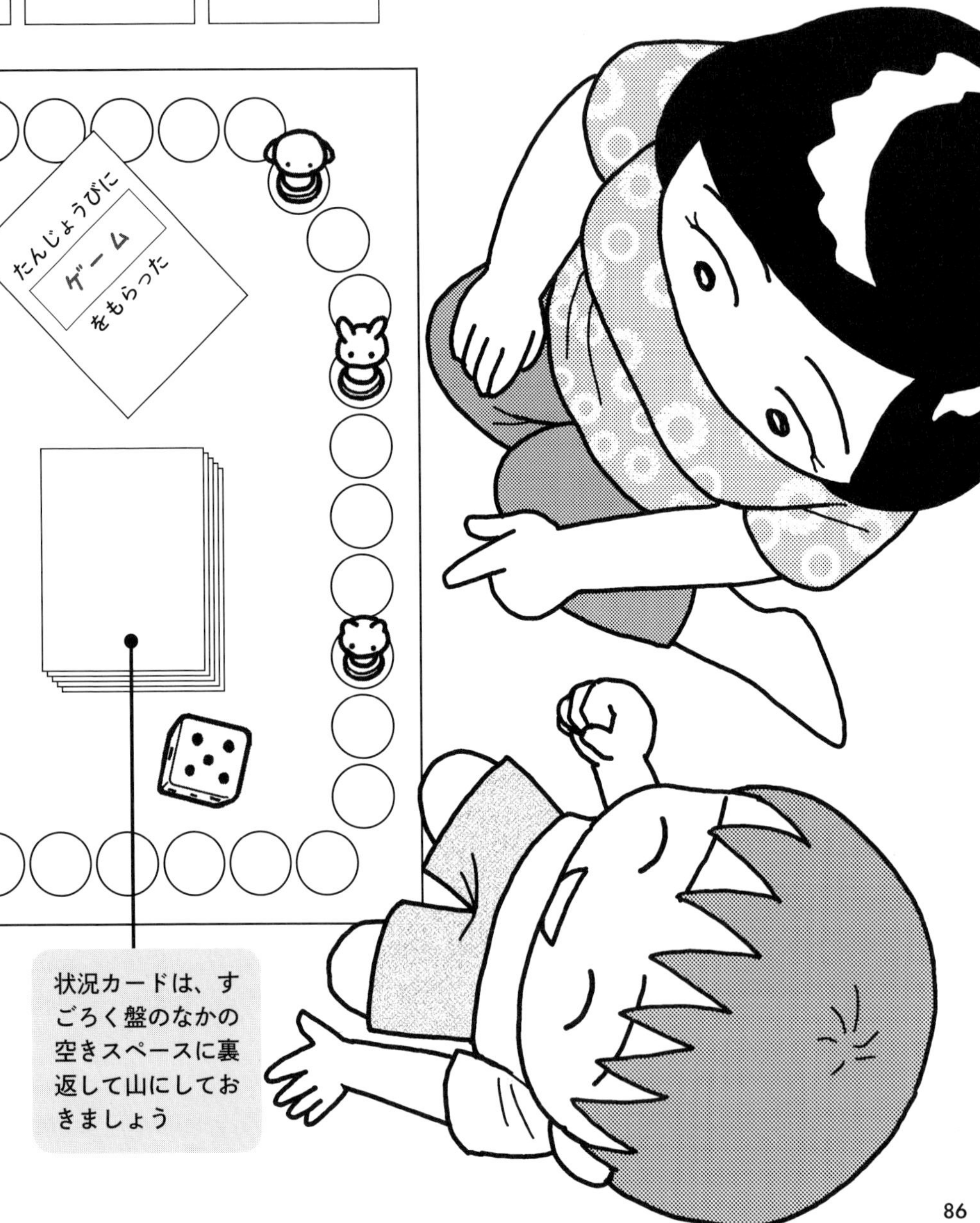

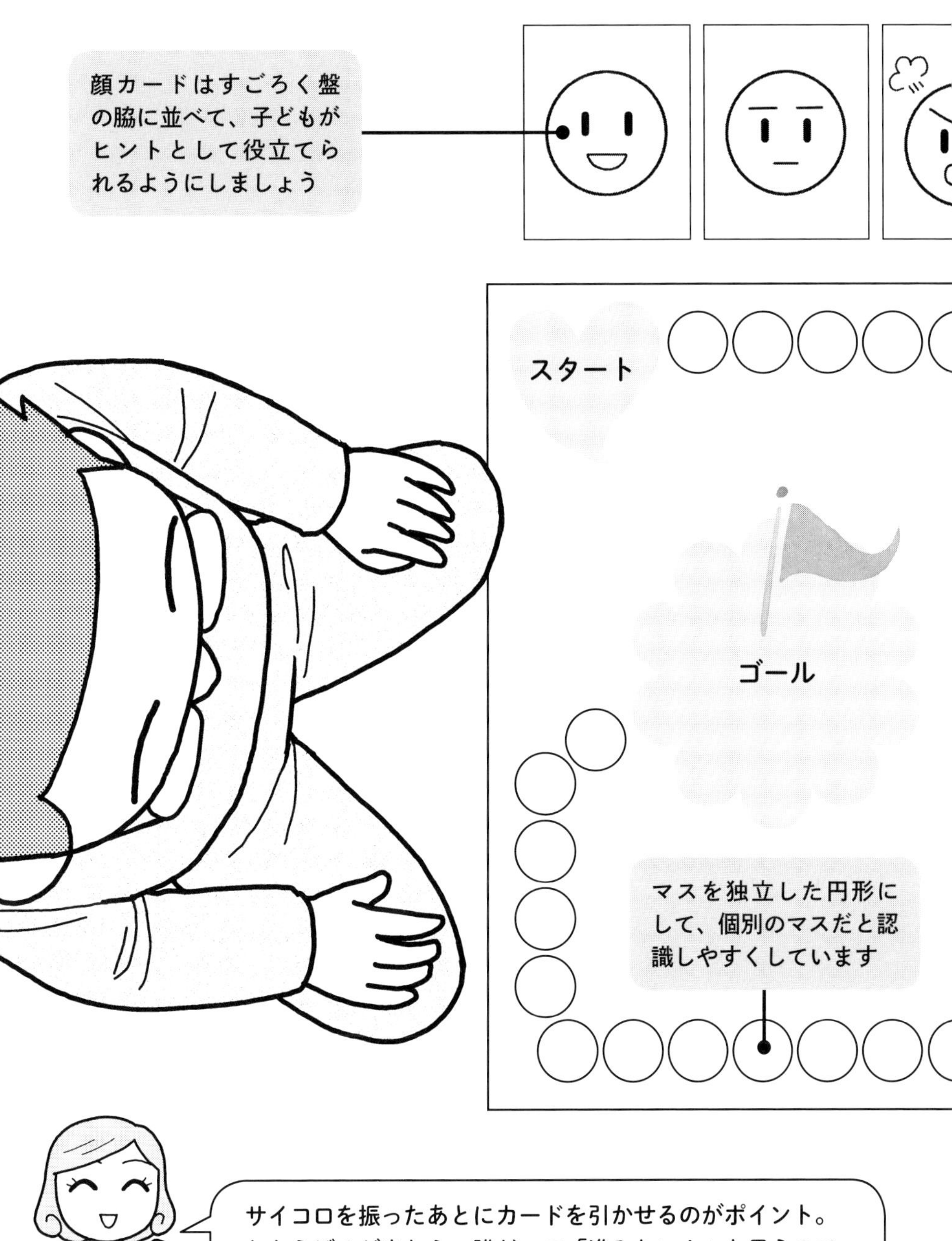

サイコロを振ったあとにカードを引かせるのがポイント。たとえば6が出たら、誰だって「進みたい！」と思うので子どもから意欲を引き出しやすくなるのです。

こちら ヤギシタ相談室

Q 何度も練習しましたが、子どもがぎこちない笑顔しかつくれません。

A 気にしすぎないように。楽しんでやりましょう。

「笑って！」「もっとにっこり！」などと指示しすぎると、子どもが萎縮してしまいます。大人だって愛想よくするのが苦手な人はいますから、焦らず楽しく練習するように心がけてください。

むしろ注意してほしいのは、たとえば「怒られた」といったマイナスの状況のとき、子どもが適切な表情でいるかどうか。マンガで説明したとおり、さらに怒られてしまう可能性があるためです。逆にプラスの状況で笑顔がちょっと控えめでも、大きなトラブルになることは少ないもの。そういう意味でも、焦る必要はないんです。

Q 「どう思う？」と問いかけても、子どもが「しらない」「わからない」としか言わないのですが……。

答えやすい環境を整えましょう。

「状況カード」を見せて「○○のときって、どう思う?」と尋ねても、うまく答えられない子がいます。そんなときは、次のようにしてみてください（いずれも傍線部に注目）。

その1　言い換える・かみ砕く

表現を変えたり、膨らませてみて、子どもにヒントを提供しましょう。たとえば、

「お誕生日に○○をもらったら、わくわくしたり、『やったー』って思ったりしない？　それは、どんな気持ちっていうんだろうね？」

「先生に怒られたら、ガクーッとなったり、ションボリしたりしない？　そういうのを、何ていうんだっけ？」

その2　答えが含まれる問いかけをする

ヒントがあっても答えに気づけないときは、次のように答えを埋め込んでみてください。

「お誕生日に○○をもらったら、『嬉しい』って思わない？」

「先生に怒られたら、『悲しい』と感じないかなあ？」

その3　子ども自身の体験を使って練習する

状況カードを使わず、最近の出来事を思い出してもらって練習してもいいでしょう。自分の体験なら、当時の感情を思い出しやすいはずです。たとえば、

「この間、遊園地に行ったじゃない？　そのとき、どう感じた？」

「昨日、宿題忘れて先生に怒られちゃったよね？　そのとき、どんな感じだった？」

さらにその1やその2を組み合わせて、次のように教えることもできます。

「この間、遊園地に行ったじゃない？　そのとき、わくわくしたり、『やったー』って思わなかった？　それが『嬉しい』って気持ちだよ」

「昨日、宿題忘れて先生に怒られちゃったよね？　そのとき、ガクーッとなったり、ションボリしたりしなかった？　それを『悲しい』っていうんだよ」

Q うちの子は無表情で、問いかけても顔が変わりません。

A 何をすればいいか視覚化して教えましょう。

さりげなく答えを示して、子どもが表情をつくるように誘導するといいと思います。たとえば、してほしい表情が描かれた顔カードをヒントとして見せながら、「どんな顔になるかな?」と問いかけてみたり、カードを2枚提示して「これかな? これかな?」とうながして選択させてもいいでしょう。

また、ひとつ前の項でも書きましたが、状況カードをいったん脇に置いて、子ども自身の体験をもとに問いかけるといいかもしれません。自分の体験なら、そのときの感じをリアルに思い出せるので表情に出るはずです。

また、親自身が「パパはこう感じるな!」「ママならこんな顔をするよ!」と、率先してお手本を見せると、子どものやる気を引き出せます。

Q もっといろいろな気持ち・表情を学ばせたいのですが。

A 市販品を使う方法があります。

本書では基本的な気持ち（嬉しい、悲しい、怒る、など）だけに的を絞っていますが、「状況カード」「顔カード」を自作したり、市販のカード（30ページ参照）を使えばよりバリエーションに富んだ練習ができます。

その他、応用として次のような工夫も可能です。

●このSTEPで紹介したのは、おもに状況から気持ちや表情を考える練習でした。逆に表情から状況を推測する練習もできます。たとえば、

・親が子どもに表情をつくってみせて、「これは、どんなときの顔かな？」と問いかける。そして、子どもに具体的な場面（「遊んでいるとき」「お菓子を食べたとき」など）をあげてもらう。

●親が「問題出して！」と子どもをうながして、子どもから親に問題を出させてもいいでしょう。それでも子どもにとっては十分、学びになります。たとえば、

・顔カードを用意しておく。子どもに表情をつくってもらって「この顔ど～れだ」と問題を出してもらい、親が正解となりそうなカードを選ぶ

・子どもに顔カードの束を渡して1枚選ばせ、「これは、どんなときの顔？」と親に問いかけてもらう。そして親が状況を推測して答える

STEP 7
「気持ち」のコントロールを学んでもらおう

お子さんのこんな行動に困っていませんか？
いけないよ！
わあーーん
叱られると激しく泣いて止まらなくなる
待ちなさーい！
きゃーーっ
楽しい場所ではしゃぎすぎてしまう
怒り・悲しみや嬉しさなどの**感情をうまく扱えないと**本人も周囲も**イヤな思いをすることがあります**
なぜかわからないけどないちゃう
とまらない
うるさい
赤ん坊じゃあるまいし

子ども自身が
困らないために
①自分の気持ちを自覚して
②ちょっとコントロールする
この2つが大切です！
こんな練習を
してみましょう
付録⑫
「気持ち日記」
を用意してください
きもちにっき
いつ　がつ　にち（　ようび）
どうした
なぜ
つぎは、どうする？
この「気持ち日記」は
自分の心をコップに
見立てています
きもちのコップ
その日の出来事と
そこで生じた気持ち
そしてその量を
〝見える化〟して
客観的に観察する
練習をします！
例
父親に叱られて
パニックになった
ユリちゃんの場合
うわああああん

①日付と状況を記入
いつ　がつ　にち（　ようび）
どうした
なぜ
子どもが日記を書くのに慣れるまでは親が子どもから聞き取って記入してあげてもいいでしょう
どうして叱られたのかな？
子どもが十分おちついてから聞きましょう
あのね…おとうさんのほんをね…
②コップに「気持ちの量」を記入
子ども自身にそのときの気持ちの程度を振り返らせます
叱られて泣いたときどんな気持ちだった？
……イヤなきもちだった
このコップがユリちゃんの心だとすると泣いちゃったときそのイヤな気持ちはどこまでたまってたかな？
描いてごらん

こうやって子どもと
気持ちの「量」を考えて
絵にしてみましょう
このコップに
ものを入れるイメージ
で描き込みます
気持ちの量が
表現できていれば
どんな描き方でも
構いませんよ！
色をぬる
線で描く
もやもや
ボールが
入ってる
ユリちゃんの
場合——
そうかあ…
そんなに
たまってたん
だね
それで
泣いちゃったんだ

じゃあ次から
どうすれば
泣かないで
いられるかな
何か
いい方法を
思いつく？
こう伝えて
子どもが自分で
実行できることを
一緒に考えてみましょう
たとえば
こんなふうに…
気持ちを
言葉で伝える
しかられて
イヤだった
あやまったら
おこるのやめて
泣きそうに
なったら
ママに抱きつく
トイレで少し
一人になる
ぬいぐるみに
しがみつく
何でも
いいですよ！
好きな歌を
歌ってみる
お絵描きをする
ユリひめが
かいじゅうを
やっつけてる
の！
かいじゅうは
パパかな…
おまじないを
考えておく
ユリ
なかないもん！
イナカナ
イナカナ!!

つぎは、どうする？
対策が決まったら「つぎは、どうする？」の欄に記入します
次に同じくらい気持ちがたまったらママに抱きついていいからね
うん！
気持ちを落ち着かせる方法を言語化することで次の機会に実行しやすくするんです
こうやって爆発しそうになったときにちょっとこらえたり気持ちを逃がせるよう備えるわけですね！
完成したシートの見本を次ページにつけますので参考にしてください！

きもちにっき

いつ　2 がつ　14 にち（ 日　ようび）

どうした　氷鬼で鬼になったことがいやだった。

なぜ　はしるのが早くないから。

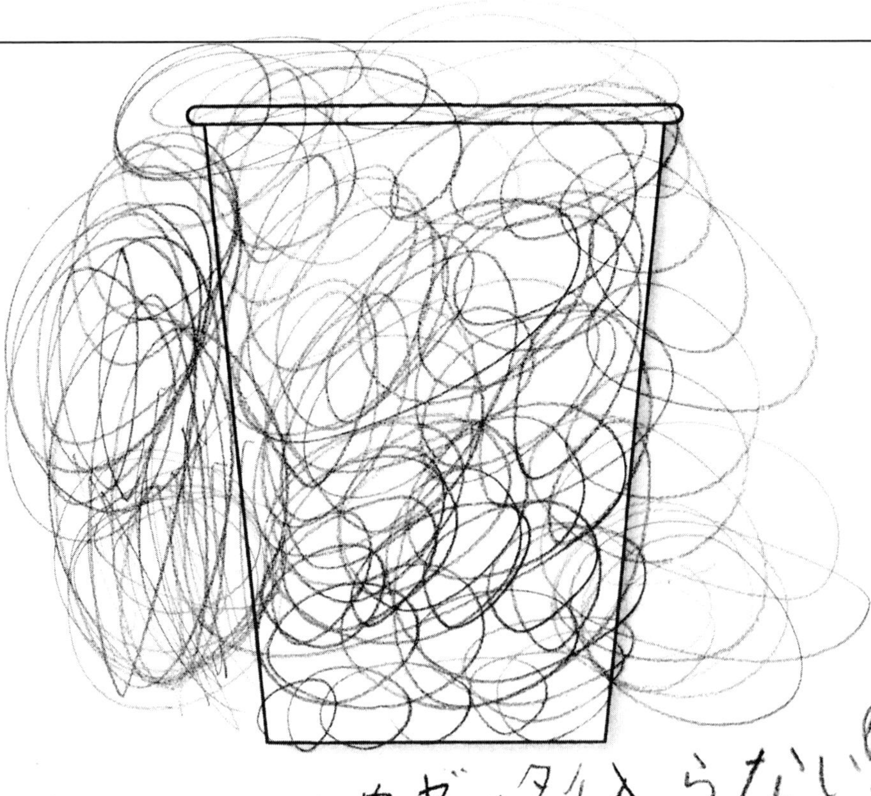

つぎは、どうする？　氷鬼ゼッタイ入らない!!

知っておきたい
大切なこと
ここでの練習を
活かすために
知っていただきたい
ポイントが３つあります
重要！
①子どもにていねいに
「気持ち」のことを
教えよう
もしかしたら
お子さんはまだ
「気持ちが蓄積する」
というイメージを
つかめていない
かもしれません
「きもち」は
みえないのに
たまるって
ナニ？
わかんない
そんな子には
まず――
「イヤだなー」
って気持ちが
こうやって
出てくるでしょ
イヤだ
そのままに
しておくと
もっと
出てきて…
イヤだ
イヤだ
あふれちゃう
ことがあるの
イヤだよ～！

あふれると
止められなく
なるのよ
お水みたいに
それで
怒ったり泣いたり
しちゃうんだよね
ふーん…
——とシートの
コップ部分だけを使って
「気持ちがたまっていく」
というイメージを
つかんでもらいましょう
付録⑩「顔カード」
を同時に使って
気持ちに合致する
表情を示して
視覚化してあげる
のも効果的です！
最初は
こんな気持ち
だよね？
うん
たまってくると
こんな感じの
顔になって…
あふれて
爆発！
そっかー

②「プラスの気持ち」も振り返ろう
トラブルが起こったときだけ振り返っていると…
どうして泣いたの？
どんな気持ちだった？
次はどうする？
反省会のようになってしまって子どもが落ち込んでしまいます
遊園地に行って楽しかった
給食が好きなメニューだった
ゲームして面白かった
どうして嬉しかったの？
カレーがでたから！
おいしかった
嬉しい気持ちはどれくらいだった？
このくらい！
つぎははやくたべおわっておかわりする！
こういう気持ちも振り返りましょう！次ページに記入見本をつけます

きもちにっき

いつ　2がつ　17にち（水　ようび）

どうした　先生に「かしこいね」と言われた。

なぜ　ダブルダブルのれんしゅうをして「ジャンプがとべなくなったので1ラインでとびます。」と言ってたら、先生に「かしこいね」と言われた。

つぎは、どうする？　できなくなったら一回もどる。

③できるだけ頻繁に書こう
何かが起こったときにだけ「気持ち日記」を書くのではなかなか効果が出ません！
また同じトラブル…
前に決めたこと忘れたのかしら…
毎日が無理でもせめて週2〜3回
「プラスの気持ち」「マイナスの気持ち」それぞれ1枚ずつ「気持ち日記」を作りましょう
悲しかった・いやだったこと
きもちにっき
ないた（ちょっと）
わすれものをしたから
もちものをたしかめる
楽しかった・うれしかったこと
きもちにっき
先生にほめられた
大きいこえで あいさつした
またあいさつする
えっ そんなに!?
たいへん！
火・木・土など曜日を決めると習慣化しやすい
毎日ならもっと良い
あんまり時間がとれないわ
だいじょうぶ
慣れてきたら子どもに自分で書いてもらえばいいんですよ
できたら見せて
わからなくなったら聞いてね！

記入したシートはファイリングするのがおすすめです
それだけでいろんなメリットが生まれます
ポケット式ファイル
プラスとマイナスを分けてもよいし一緒でもよい
穴をあけてリングファイル
自分の〝沸点〟がわかるようになる
きょうははんぶんたまってた
ガマンしすぎるとバクハツしちゃうんだよね…
子どもが自分の内面に敏感になります
まえもそうだった
過去と比べて達成感を得られる
あのときは爆発したけど今日は大丈夫だったね！
親にとって新しい「ほめポイント」が見つかります
続けることで大切な力を身につけられるワークです
私も毎日子どもに書かせていました
子どもと一緒にまずは無理のない範囲で試してみてくださいね！

STEP 8 自分と相手の「心の動き」に気づいてもらおう

子どもが自分の気持ちを自覚できたら今度はまわりの人の気持ちの変化に気づく練習をしてみましょう！
他人の気持ちをくみとるのは簡単なことではありません……
大人でも難しいですよね
気持ちは目に見えるモノではないし言葉になっていないこともあるからです
?
ですから子どもに教えるときは**相手の気持ちも自分の気持ちも目に見えるようにしてあげる**のがポイントです！
できればSTEP6で表情を練習したあとにやってみてください

ヒナタ君は
鬼ごっこが好きで
小学校の友達と
よく遊んでいます

わー

わー

しかし…

ジャンケンポン!

ヒナタが
おにだ!

自分が鬼になると
イライラして
動こうとしません

はじめは友達が
気を遣って

いいよ
オレが
おにな!

代わって
くれたりも
しましたが…

こんどこそ
ヒナタが
おにだ！
いつも
イヤがるので
おには
ヤダ!!
友達もさすがに
ウンザリし始めて
いました
そんな
ある日
ズルイぞ！
おまえも
おにやれよ！
ドン！
いてっ
なに
するんだよ！
ヒナタ君は
反射的に友達を
突き飛ばしてしまい
ケンカに――!!

こらっ
ケンカするな！
何が
あったんだ？
ヒナタが
さきに
やったんだ！
せんせい！
ヒナタ おにを
やらないんだよ！
事情を聞いた
先生から
ヒナタ君は
厳しく注意されて
しまいました――
こういう
「トラブルの後」は
練習のチャンスに
変えましょう！

用意するもの

・付録⑩「顔カード」

切り離しておく

・大きめの紙
・筆記用具
・ふせん紙

ふせん紙は字を書き込むので少し大きめのものを使います

※扱う話題によってはカードが2組必要になることもあります

教え方の流れ

全体としてこんな流れになります！

①出来事をいくつかの場面にわけて書く

②それぞれの場面で子どもが感じたことを顔カードで確認

③同じ場面で友達が感じたことを顔カードで確認

子どもと会話しつつ最終的にはこんな表を作っていきます

ふせん紙に場面を書いて視覚化し順番に並べる

けんかになる

おにはやだという

おにになる

おにごっこをはじめる

ともだち

ヒナタ

ふせん紙に名前を書いて視覚化

各場面での表情や気持ちを子どもに尋ねて視覚化

先生からの一言
いきなり子どもを怒ったりせずまずはだいたいの事情を把握してから
今日みんなで遊んでいるときケンカになりヒナタ君が友達を押してしまいました
えっ
そんなことが…？
れんらくちょう
2-1 ひなた
ヒナタ お父さんと一緒に起こったことを振り返ってみようか
怒らないから
——と穏やかに誘ってあげてください
そのあとは用意した付録やふせん紙を使って次のように進めていきます

❶きっかけとなる場面を視覚化する

「まず、鬼ごっこを始めたんだよね？」

「うん」

おにごっこを
はじめる

トラブルのきっかけは「鬼ごっこ」。
そのことを子どもと一緒に言葉で確認し、
出来事をふせん紙に書いて紙に貼ります。
このようにして視覚化していくのです。

❷子どもが感じたことをカードで確認

「はじめたとき、ヒナタはどう思った？」

「うれしいなー、っておもった」

「顔にすると、こんな感じかな？」

おにごっこを
はじめる

こう話し合いながら、❶の出来事のときの子どもの気持ちに合う「顔カード」を置きます。カードで視覚化すれば理解が進みます。脇に子どもの名前をふせん紙で添えましょう。

❸同じ場面で友達が感じたことを確認

「友達は、どんな顔してた？」

「うーん……ちょっとニコッ、ってかんじ」

「きっと、友達も嬉しかったんだね。この笑った顔を置こう」

おにごっこを
はじめる

ヒナタ

このように声をかけながら、
友達の名前をふせん紙で貼って示します。
さらに、子どもの言葉から推測できる
「友達の気持ち」を「顔カード」で示します。

❹次の出来事を視覚化

「で、みんなで仲良く遊んでたんだ。そのあと、どうなったの？」

「ぼくが、おにになった」

「そっかー」

ヒナタ

このように声かけしながら、
子どもから次の出来事を聞き取って
ふせん紙で視覚化します。
出来事は細かくわけるのがコツです！

❺再び子どもの気持ちをカードで確認

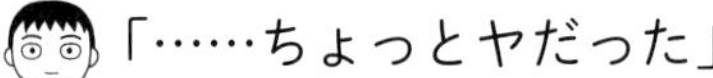

「鬼になったとき、ヒナタはどう思った？」

「……ちょっとヤだった」

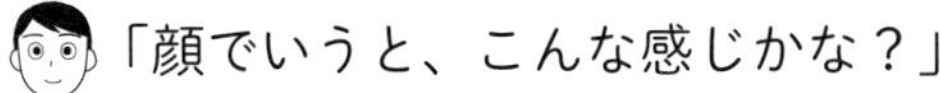

「顔でいうと、こんな感じかな？」

おにごっこをはじめる

おにになる

ヒナタ

手順❷のときのような言葉かけをしつつ
ここでも「顔カード」を使って
２つめの場面での子どもの気持ちを
視覚化して確かめましょう！

❻ 2つめの場面での友達の気持ちを確認

「友達は、どんな顔してた？」

「うーん……うれしそうだった、かな？」

「この笑った顔を置いておこうか」

子どもから2つめの場面での友達の反応を聞き取り、それに合致する「顔カード」で気持ちを視覚化しましょう。
要領は手順❸と同じです。

❼ 3つめの出来事を視覚化

「そうしたらヒナタはどうしたんだっけ？」

「『おにはヤダ！』っていった」

「そうなんだね」

ともだち

おにごっこをはじめる

おにになる

おにはやだという

ヒナタ

3つめの出来事を、これまでと同じ要領で聞き取ってふせん紙で視覚化します。聞き取るときは子どもを叱ったりせず、あくまでも冷静に聞くのが大切です！

❽ その場面での子どもの気持ちを視覚化

「『おにはヤダ！』って言ったとき、どんな感じだったか教えてくれるかな？」

「すっごく、ムカついてた！」

「ムカついてたんだー。じゃあ、こんな顔になってたかもね」

おにごっこを はじめる

おにになる

おにはやだ という

ヒナタ

ここまでで説明したやりとりをくり返して、112ページのような表を完成させると、出来事と気持ちが一目でわかる表になります。4～5場面以内にまとめるといいですよ！

表が完成したら
なぜそんな気持ちに
なったのか
子どもと理由を
振り返って
いきましょう
鬼になるのは
イヤだった？
うん
なんで
イヤな気持ちに
なっちゃうのかな？
だって…
つかまえられ
ないんだもん
ぼく かけっこ
おそいから
うん…
そうかぁ
それは
イヤだよね
ポイント！
子どもの気持ちが
どんなものであっても
否定せず
一度は受け止めて
あげましょう

そのうえで
問題のある部分に注意を誘導します
ヒナタが「鬼はヤダ」と言ったとき友達がこの顔になったのはどうしてかな?
……
おにはやだという
鬼になったときのヒナタの顔がイヤそうだったからそれを見た友達もイヤな気持ちになったのかもしれない
それとも困っていたのかもしれないね
イヤだな
こまったな
こう相手の気持ちを教えてあげたあとで**望ましい言動を子どもと話し合います**
じゃあさ鬼になったとき友達が笑顔でいられるようにヒナタはどうすればよかったのかな?
おにに

おにごっこを はじめる
おにになる
おには やだ という
ヒナタ
追加
ヒナタがこんな顔 ならよかったよね どうしたら こうできる？
うーんと
そして 実行できそうなことを 一緒に決めましょう
ムリなことは 決めない
鬼になっても がまんする
もう 鬼ごっこは やらない
鬼になったら 「がんばるぞ！」 ってすれば 笑顔になれそう じゃない？
うん やってみる
このようにすると 相手と自分の気持ち そしてその変化を わかりやすく振り返る ことができます
よーし がんばる ぞー！
すると子どもが 人の心の動きに 気づけるんです

子どもとやりとりするときのポイントは
気持ちを否定せずいったん受け止めること
前の場面でのポイント
うん…そうかぁそれはイヤだよね
ここでもし親がこう反論してしまうと…
でも鬼をやらないのは自分勝手だよね？
おもったことをいったらおこられるんだな
わるいきもちをもったボクはダメなヤツなんだ
こんな自己否定を始めるかもしれません

心に気持ちが生じることそれ自体は悪いことではありません！
ですから気持ち自体は否定しないであげてください
STEP1で説明したように
今のあなたにプラスしてレベルアップしていこう！
――という姿勢で接してあげるのが大事なポイントです
もっとできるようになるよ！
しっかり覚えておいてくださいね！

こちら ヤギシタ相談室

Q 子どもにいろいろ問いかけても、あまりしゃべってくれません。

A 親が子どもの言いたいことを推測・代弁してあげましょう。

気持ちを尋ねても子どもがうまく言葉にできない場合は、「イヤな気持ちになった？」「嬉しかったんじゃない？」などと具体的に言葉にしてみせるといいでしょう。

次回どうするかを聞かれてうまく答えられない子に対しては、「次は『がんばろう』ポーズをしてみよう」「まずは深呼吸したらどう？」と提案してみましょう。大人が先回りして提案することで選択肢ができ、同時に子どもが「こう表現すればいいんだ」と気づくきっかけにもなります。

Q 出来事がどんな順序で起こったのか、子どもがうまく伝えられません。

A 聞き直したり、ふせん紙を貼り直して整理してあげましょう。

子どもが経緯をうまく説明できない場合は、親が「○○は××の前かな？　後かな？」「それは、△△の前に起きたんだよね？」と確認して整理しましょう。
ふせん紙の順序を入れかえたり、書き直したりしてもいいと思います。このSTEPの練習でふせん紙を使うのは、順序の入れかえが容易だからです。

Q　うちの子は、出来事を話し始めるとワーッと一気にしゃべるので大変です。

A　子どもの気持ちを見抜いて対応を変えましょう。

子どもが話をする目的や、そのときの心の動きに目を向けて接し方を変えます。たとえば、

●子どもが真剣に「聞いてほしい」と思って話している場合

↓できるだけ丁寧に耳を傾けてあげましょう。話し続けることで、自然と気持ちを整理できたり、他の子の気持ちに気づける子もいます。

●単にストレス発散のため話し続けている場合

↓ある程度聞き流しつつ、適宜「それは○○ということだよね？」「つまり××という気持ち、ってことかな？」と、大人が言い換えてあげましょう。

STEP 9
どのくらいできているかチェック！

さて　ここまで
いろいろなスキルの
練習方法を
説明してきましたが
子どもとの練習が
終わったら
どのくらい成果が出たか
チェックしてみましょう
…といっても
子どもの行動に
点数をつけるのでは
ありません
?
親のあなたが
子どもの「いいところ」
をいくつ見つけたか
それをチェック
してもらいます！
え～っ!?
なんで？

STEP1～2で説明したように「いいところ」「できたこと」などをほめられるとやる気が出ます
そして親子の雰囲気もよくなるのです
上手にあいさつできたね！
えらいよ
逆に「できなかったところ」ばかりを気にかけるとどうなるでしょう…？
おはようございます
おはようございます
あいさつはできたけど…
声が小さすぎ！

前に教えたでしょ！
もっと声出して！
大きい声で！先生の顔見て！
ダメなんだ
しゅん…
がんばったのに……
さあ練習しよう
できない
やりたくない
こんなふうに子どもの自己評価が落ち雰囲気も悪くなってしまいます
できた部分を認めてあげれば子どもは次回またがんばれる可能性があるのに――
できたね！
ほめられた
よろこび
満足感
自信
つぎもがんばろう

付録⑬「ほめポイント チェック表」

次ページの記入例を参考にあなたが「ほめたこと」を振り返ってください
えーと・・・
できるだけ頻繁にチェック
一日一枚やってみよう
うちは週に一枚かな・・・
こうするといろんな気づきがうまれますよ！
ファイリング
あとから見直す
こういうほめ方もあったなぁ
忘れてた！
今ならここもほめられる
うちの子この部分が変わったわ

ほめポイント チェック表

日付 2021 年 2 月 22 日　　記入者 ●●●

出来事

お風呂から寝るまでの行動

あなたが着目した「子どもの行動」「ほめた内容」「子どもの反応」を書き出しましょう

着目した行動はどこですか（できたこと／やらないですんだ望ましくない行動）	どんな言葉で・態度でほめましたか	子どもの反応はどうでしたか
自分の分だけでなく、兄姉の分の歯ブラシも持ってきてくれた	優しいね！ありがとう！	うれしそう
親に言われる前に自分からトイレに行った	お！自分で考えたの？えらいね！！	得意げ

子どもをほめてみて気づいたことを書きましょう

今まで当然のように「はーい」とか「ありがと〜」で済ませていた事の中にも、ほめポイントはいっぱい転がっていることに気づいた。結構自ら考えて動けているんだなと思った。

週に１枚記入した場合の見本➡

ほめポイント チェック表

日付 2021年 4月 10日　　記入者 お父さん

出来事 おふろそうじ

あなたが着目した「子どもの行動」「ほめた内容」「子どもの反応」を書き出しましょう

着目した行動はどこですか（できたこと／やらないですんだ望ましくない行動）	どんな言葉で・態度でほめましたか	子どもの反応はどうでしたか
4/5 言わなくても自分から始めた	自分からできたのはすごいね！	笑顔
4/8 ボディソープをつめかえてくれた	助かったよ	うれしそう

子どもをほめてみて気づいたことを書きましょう

ほめたあとは他のお手伝いにも自ら取り組もうとしているように感じた。

ほめポイント チェック表

日付 2021年 1月 日　　記入者 母

出来事 食事の準備・片づけ

あなたが着目した「子どもの行動」「ほめた内容」「子どもの反応」を書き出しましょう

着目した行動はどこですか（できたこと／やらないですんだ望ましくない行動）	どんな言葉で・態度でほめましたか	子どもの反応はどうでしたか
1/5 自分からお皿をならべた	お皿をならべてくれてとっても助かるよ。ありがとう	コップもならべてくれた
1/20 夕食の準備に茶わん・おはしを並べた	準備してくれるとすぐに食べられるね。	弟からもよろこばれて笑顔いっぱい
1/29 夕食の準備と片づけ、食器をさげる	片づけもしてくれるのね うれしいです。	得意そうにしていた。

子どもをほめてみて気づいたことを書きましょう

やったことをそのまま言葉にするだけでも子どもがうれしそうに次の日も手伝ってくれたりしました。

⬅月に１枚記入した場合の見本

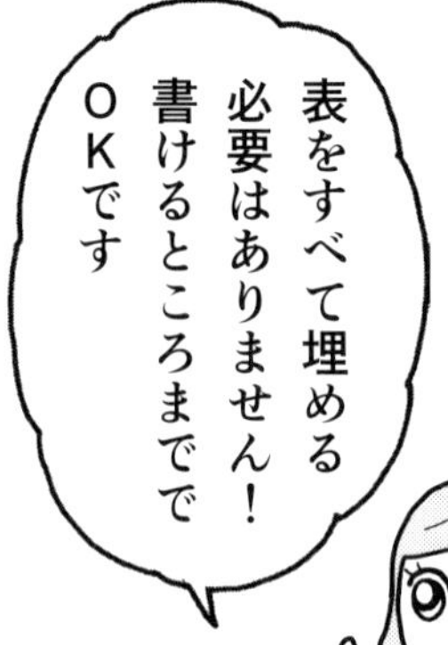

厳しく叱ったり
怒ったりしても
子どもは
伸びません
しっかり
しなさい！
もーっ
どうして
言ったとおり
できない!?
肯定して
信頼関係をつくることで
伸びる環境ができ…
がんばった
ね！
その調子！
うれしい
もっと
がんばろう
それが
いずれ思春期に
活きてくるのです
自信
自己肯定感
チャレンジ精神
これまで
できたん
だから
やれば
できる！

親が子どもの「いいところを探す」ほうへ考え方を変えてみましょう!
忘れっぽい
落ちつきがない
あきっぽい
くよくよしない
好奇心が旺盛
くり返せばできる
子どもを伸ばすために親が考え方を変えるのは遠回りに思えるかもしれません
でもそのほうが実は近道だと私の経験からハッキリ言えます
ぜひ始めてみてくださいね!

補章

思春期に向けて知っておきたい大切なこと

思春期に起こる体と心の変化

思春期とは、年齢でいうと9～18歳ぐらいの時期にあたります。子どもの体のなかで性ホルモンの分泌が活発になり、第二次性徴が現れ、生殖機能が完成するときです。

女子のほうが早く始まることが多く、学齢でいうと、早い子は小学4年生くらいで次のような変化がみられます。

- **丸みをおびた体つきになってくる**
- **性毛（陰毛）、わき毛が生えてくる**
- **乳房が発達する**
- **初経が起こる**

男子も、個人差はありますが、中学生くらいになると次のように体が変わってきます。

- **筋肉や骨格が発達し、体がガッチリ大きくなる**
- **ペニス、睾丸が大きくなる**
- **のど仏が出てきて声変わりする**

・性毛（陰毛）、体毛（わき毛、すね毛、胸毛、ひげ）が生えてくる
・精通が起こる

体だけでなく心にも変化が現れます。

たとえば体つきが変わると、小学校低学年のときは一緒だった着替えが男女別になります。こういったことなどから、男女差を意識せざるを得なくなるのですが、男女差を意識しはじめると同時に、子どもたちのなかには異性への関心が芽生え、高まっていきます。思春期は他者を意識し、自分との違いを認識する時期でもあるのです。

しかし、まだ10代の子どもたちは、こうした急激な変化にどう対応してよいのかわからず、不安になります。

不安だから、些細なことに敏感に反応して気持ちが揺れてしまいます。互いに気持ちがぶつかったり、すれ違ったりすることでイライラすることもあります。時には、心にもない言葉で反発することだって、あるかもしれません。

つまり思春期という時期は、心も体も成長していく過程で、でも未熟ゆえに大きなストレスを抱える時期といってよいでしょう。だからこそ大人が子どもをしっかりとキャッチし、「安心の基地」となっていられるように準備しておく必要があるのです。

発達障害のある子に起こりがちな行動

発達障害のある子どもたちが思春期を迎えると、こうした急激な変化についていけず、自分自身をコントロールできなくなったり、場にそぐわない行動をして誤解されてしまうなど、それまでにはなかったトラブルが起きがちです。

たとえば、ある子に異性の友達がいたとします。小学校のころは性別を気にせず仲良く手をつないだり、一緒に帰ったりしていました。ところが、中学生になったら一緒に帰ってくれなくなり、話しかけても知らん顔されるようになりました。

こういうとき発達障害のある子は、異性の友達を悪者扱いして腹を立てたり、逆にしつこく話しかけて嫌がられたりすることがあります。**相手の「思春期特有の心の変化」に気づけないため、こんな摩擦が起こるのです。**同じ原因から、話題が合わず周囲との会話に入っていけなかったり、興味が持てなかったりすることだって、あるかもしれません。

また、興味のあることに対してコントロールがきかなくなったり、過度に反応してしまって**感情のブレーキがきかなくなることもあります。**性的な興味をともなう好意が高じて、相手の気持ちを理解できないまま異性に対し一方的な行動をとってしまう子もいます。性行為に対する勘違いや、異性の欲求を誤解する、といった問題も起こります。

「人前でしてはいけないこと」の判別ができていない場合もあります。たとえば、羞恥心の発達が未熟な子の場合、体育や水泳の際に隠すことなく裸になって着替えをしてしまったり、陰部にかゆみを感じた際に、人前でも気にせず掻いてしまう、というケースもあるのです。

発達障害があるからといって、どの子もこんな課題に直面するわけではありません。思春期にみられる様子は個々に違いますが、子どもの特性を理解して親が接していく必要があるのは確かです。

反抗期の問題

ところが、親が「ああしなさい」「こうしなさい」と言っても、思春期の子どもはたいてい意に介してくれません。思春期は「第二次イヤイヤ期」ともいえる反抗期（第二次反抗期）にも当たっているからです。

第一次反抗期は、一般に2歳ごろ始まります。この時期の子どもは、何にでも「イヤ」と言って、親の言いつけを聞きません。だから「イヤイヤ期」と呼ばれるのですが、これは、自我の芽生えた子どもが自分で体を動かせるようになったことで自分の意志で行動しようとしている、ということであって、成長の表れなのです。

それと同じことが第二次反抗期でも起こります。「自分はこうしたい」「このほうがいいのではないか」という自我が、子どものなかで発達しています。周囲に対して聞く耳を持たず、「自分がすべて正しい。大人の助けなどいらない」「自分一人でもできる」といった考えになり、非を認めず、ふてくされた態度をとる場合もあります。

自分の行動は自分で決めたいという思いが高まっているため、他者からの「指示」や「決定」は、子どもにとって「命令」であり「押しつけ」になるのです。ですから当然、指示を嫌いますし、思春期の多感な時期と重なることで、反抗となって表現されます。

そんなとき親は、つい、「勝手なことばかり言って」「やればできるのに」「『やる』って言ったよね」と、こちらの思うようにいかない苛立ちを言葉にしてしまいがちですが、**反抗は、子どもが大人になるための大切な過程の一つです。**

第一次反抗期を迎えた子どもに対して、親は目線を子どもの高さに合わせてその話を聞いたり、落ち着くのを待ったりすることでしょう。第二次反抗期においても、親が子どもの主張に耳を傾け、じっくり向き合い、受け入れることが大切になります。

とりわけ中学生以降になると、大人から見るとまだ未熟であっても、「子ども扱い」に敏感に反発するようになります。子どもの主張をしっかり受容し、プライドを大切にする関わりをしていきましょう。

トラブル回避のために親ができること

では、思春期を迎えようとしている（あるいは、思春期に入ったばかりの）子どもたちに、大人はどう接し、何を教えればいいのか、ここでもう少し踏み込んで説明したいと思います。

子どもと接するうえで最も大切な原則は、「子どもの行動パターンをつかんで対応する」ということです。

子どもの行動には、それを誘発した「きっかけ」が必ずあります。子どもの行動を細かく振り返って分析し、その「きっかけ」が何かを探ってみましょう。すると行動の見通しがつきやすくなるので、トラブルを回避できるようになります。

たとえば、「苦手な数学の宿題で行き詰まると、つい大声が出る」という子がいたとします。行動パターンがわかっていれば、そのパターンを子どもにも認識してもらって、「まず得意な教科の宿題を済ませてから、余裕をもって数学に取り組もう」「大声が出そうになったら、いったんトイレに入って10数えよう」など、きっかけを回避したり、問題行動を抑制するルールを子どもと考えることができます。その後、子どもがルールを守って大声を出さずに済んだとしましょう。親がすかさず、「よくがまんできた」などとほめれば、それで達成感を得た子どもは、次回もまた「大声を出さない」ように行動しようとするはずです。

このように接することで、**子どもを「好ましい行動」のサイクル（くり返し）へと導いていくようにしましょう。**

そして、子どもの性への興味を否定しないように接する必要があります。性的な関心は、誰もが自然と持つものです。「異性と付き合う」とは何か、「性行為をする」とはどういうことか、タブー視せずに、性についての課題をしっかりと話し合っておくことが望まれます。

大人が「話してはいけないことだ」と否定的な態度をとると、子どもが親や大人の見えないところで欲求を発散させるようになるので、要注意です。

接し方の具体例

次に、個別の課題をいくつかとりあげて、親ができることを紹介します。

①思春期の子どもと話すちょっとしたコツ

思春期の子どもと面と向かって、顔を見て話すのは、実はプロのカウンセラーにすら難しいことです。子どもとじっくり話をしたいときは、横に並んで話すことをおすすめします。

たとえば親が子どもに「ちょっと手伝って」と台所仕事の手伝いを頼みます。野菜を切る作業でもなんでも構いません。子どもがその手伝いをしているときに横に並んで立って、「ところで……」と話を切り出すと、拒否せずに話してくれたりします。

あるいは車でどこかに送り迎えするとき、子どもを助手席に座らせて、「そういえば……」と話を向けてみる、という方法もあります（この場合、子どもが後部座席に座らないよう、あらかじめ荷物を置くなど、ちょっとした工夫が必要になりますが）。

「横並び」というのは、不快にならない程度に相手に近づける「ちょうどいい距離」のようです。困った問題が浮上したら、ぜひ試してみてください。

なお、子どもに言葉をかけるときは否定しないようにしてください。大人でもそうだと思いますが、「○○しちゃダメ！」と言われると、自分を否定されたように感じて反発心がわき、禁じられたことのほうにかえって目が向いてしまいます。人によっては、「それがダメなら、じゃあ、どうすればいいの？」と混乱するかもしれません。

むしろ、「何をすればいいか」「どうすればいいか」に的を絞った声かけをするべきです。

たとえば、服装を整えてもらいたいときは、

×「身だしなみをきちんとしないとダメでしょう！」

ではなく、

○「シャツがズボンからはみ出さないように、ピシッと入っているとカッコいいよね」

といったように、具体的・肯定的に伝えるといいでしょう。

②自分の発言に注意させたいとき

家庭内ではさまざまなことが起こりますが、なかには「これは外で話してほしくない」

という話題が必ずあるはずです。たとえば「昨日、親がケンカしてた」とか、「『今年はボーナスがよかった』と家族が喜んでた」などという話を他人にされると、親としては困ってしまうでしょう。話をした子も奇異な目で見られてしまうはずです。

親が「よく考えてしゃべりなさい！」と怒っても効果はありません。そんな子は、「他人からどう見られているか」に気づけていないわけですから、

「あなたはもう中学生で、大人に近づいてきているから、みんながあなたの言葉に関心を持つし、真剣に聞いているんです。大人として扱われるようになるから、家のお金のことを言うのはやめてね。お母さん（お父さん）は言ってほしくないから」

と、話してはいけない理由と周囲の人の気持ちを具体的に説明する必要があります。

③自分や相手の体を尊重するよう伝えたいとき

発達障害がある子は、

「自分がよくても相手にとっては嫌な場合がある」

「本当のことだったとしても、相手が不快になることがある」

「他者が自分とは違った感じ方や考え方をすることがある」

といった「当たり前のこと」を理解できていない場合があります。「体に突然触れられると、多くの人が『嫌だ』という気持ちになる」ということに気づけない子もいるので、あらためて言葉にしたり、視覚化して教えていくとよいでしょう。たとえば言葉で伝えるなら、次のような言い方が考えられます。

「他の人の体やプライベートゾーンは、勝手に触ってはいけませんし、自分のプライベートゾーンも、他の人に触らせてはいけないところです。また、自分が触られたときは、はっきり『嫌だ』と言いましょう。そして、相手が『嫌だ』と思うところは、絶対に触ってはいけません。また、プライベートゾーンは、人のいるところでは、見てはいけません」

④相手との距離感を学んでもらいたいとき

思春期になると、本人がそう望んでいなくても、周囲から性の対象として見られるようになります。

だからこそ、子どもにはその点を自覚してもらって、身を守ることを覚えてもらいたいものですが、「性の対象として見られる」ということが理解できない子もいます。

そういう子には、互いの親密度を測る「こころの温度計」の話をしてみてください。下

のような温度計のイメージを使い、初対面を０℃としま す。そのうえで、

・一緒に帰ろうと思うのは何℃くらいからか
・誘われたら一緒に行こうと思うのは何℃からか
・家に遊びに行こうと思うのは何℃くらいからか

など、いろいろな距離感の関係性を想定して、親子で話し合ってみるといいでしょう。

基準を明確にするというよりも、相手との距離感を考える感覚を持ってもらうのが目的です。

いちばんのポイントは「良好な親子関係」

ここまでいろいろ書きましたが、最後にあらためて、「良好な親子関係」がポイントになることを強調しておきたいと思います。ここでいう良好な親子関係とは、「自分を認めてくれる、安心できる間柄」ということであり、「いつでも受け止める準備ができている

関係性」です。

先に述べたように、思春期には反抗期が重なります。自我の芽生えからくる反抗は少なからずあるでしょう。

たとえば、雨が降りそうな日に「傘を持っていきなさい」と母親から言われた子がいました。ただそれだけのことなのに、子どもは「わかってるよ！」と答え、そう答えたにもかかわらず傘を持たずに出かけてしまう、なんてことも実際に起こります。

あるいは親が学校を訪問してもわざと知らん顔したり、友達に親を見られることを嫌がったりと、子どもが親を煙たがるようにもなるかもしれません。穏やかにやりとりするのさえ難しい、なんてこともあるでしょう。親も子も完璧ではありませんから、「売り言葉に買い言葉」で、やんちゃな言葉が飛び交う日もあるはずです。

でも、たとえ反発という形であっても、子どもから自己主張が出るのはいいことです。**反発は子どもが成長している証です。親の育て方が間違っていたことを意味するわけではありません。**子どもが親を信頼して、安心して何でも言える関係ができている、ということなのです。そのような親子関係は、十分「良好」です。

親は、子どもを正しく導こうとするあまり、知らず知らずのうちに好みや理想を子どもに押し付けていることがあります。思春期を迎えたといっても、子どもはまだ未熟ですから、時には厳しめの指導が必要なこともあるでしょう。でも、親と子は別の人格です。そう理解して、しっかり子どもを受け止めてあげる姿勢を、親として持っていたいものです。**「何でも言える／受け止めようとしている」親子関係をつくることができれば、家庭が子どもにとって「安心の基地」になります。**安心できる関係によってできた信頼の土台は、少々のことでは揺るぎません。

信頼があれば、いつもは口答えばかりしている思春期の子どもでも、本当に困ったときには親に相談してくるものなのです。当然、相談してくれることで問題を最小限に抑えられる可能性も高まります。

親も自分が未熟であることを自覚しよう

まとめると、思春期には安心して親子で言い合える状態こそが良好な関係であり、この時期には、自分のいいところも悪いところも受け止めてくれる「信頼できる大人」の存在が必要です。その信頼関係を築くために、思春期以前からの関わりが大切になるのです。

子どもも親も、「未熟である」ということを忘れてはいけません。

子どもにとっていい親とは、子どもと向き合って、失敗して、考えてオロオロしてジタバタする親です。

逆に、子どもにとって最もつらいのは、自分に関心を持ってもらえないことです。存在そのものを消されているかのように感じてしまうからです。

私たちは、迷いながら手探りで、時につまずいて、時に立ち止まって親になっていきます。そう考えると「親心」とは、子どもによって育てられるとも言えそうです。

著者あとがき

我が子がまだ、母親のお腹のなかにいたときのことを思い出してみてください。「早く会いたい」と思ったり、「大丈夫かな」とちょっぴり不安になったりしながら、少しずつ親になる準備をしていたはずです。母親のお腹が大きくなって思うように動けず、不自由を感じても、その「不自由さ」すら幸せに思える瞬間があったのではないでしょうか。

でも、子育てが始まると、嬉しい・楽しいだけでは済まなくなりますよね。慣れないことの連続、思うようにならないことの連続で腹が立ったり、周囲の人にあれこれ言われてストレスを感じたり……。私もそうでした。ちょっとした指摘が気になって「これでいいのかな」と迷ったり、「このとおりにしなきゃ」と思えば思うほどうまくいかない、なんて日々もありました。

困ったとき助けられたのが、ある人がかけてくれたこんな言葉でした。

「親ってね、オロオロもオドオドもするものなの。そうやって親心が育つものなんですよ」

これを聞いてようやく、「あ、できなくてもいいんだ」と思えるようになったのです。すると、不思議と目の前の子どもにゆったりと向き合えるようになりました。

自分の未熟さを素直に受け入れて、そこから「子どもとどうやって楽しもうかな」と試行錯誤した経験が、本書の土台になっています。みなさんも、できなくていいんです。楽しんでみてください。それがきっと、子どもにとっていちばんの支えになると思います。

最後になりましたが、本書では2名のモニターに出版前に実際に付録を使ってもらい、有益なコメントをいただいたほか、株式会社クリエーションアカデミー様にもコラム原稿の確認などでご協力を賜りました。皆様のお力添えに心から感謝いたします。

２０２１年7月

柳下記子

著者　柳下記子

視覚発達支援センター学習支援室室長、特別支援教育士。東洋英和女学院短期大学保育専攻科卒業。幼稚園教諭、特別支援学校教諭の免許を持つ。視覚発達支援センターなどで子どものコミュニケーション支援・学習支援に取り組むほか、特別支援教育やSST（ソーシャル・スキル・トレーニング）などのテーマで講演活動も行っている。『教室の中の気になるあの子から発想した教材・教具』（学事出版）など著書多数。

漫画　野波ツナ

東京都生まれ、漫画家。少女漫画アシスタントなどを経て青年誌でデビュー。アスペルガー症候群（自閉症スペクトラム障害）がある夫との日常を綴った『旦那さんはアスペルガー』（コスミック出版）シリーズは累計20万部に達する話題作となった。他の作品に『うちの困ったさん』（リイド社）などがある。

発達障害がある子の会話力がぐんぐん伸びる
おうち療育をはじめよう！　　こころライブラリー

2021年8月24日　第1刷発行

著　者　柳下記子
漫　画　野波ツナ
発行者　鈴木章一
発行所　株式会社講談社
郵便番号112-8001
東京都文京区音羽2-12-21
電話　編集　03-5395-3560
販売　03-5395-4415
業務　03-5395-3615
印刷所　株式会社新藤慶昌堂
製本所　株式会社若林製本工場

KODANSHA

N.D.C.143　176p　21cm
定価はカバーに表示してあります。
落丁本・乱丁本は購入書店名を明記のうえ、小社業務あてにお送りください。送料小社負担にてお取り替えいたします。なお、この本についてのお問い合わせは第一事業局学芸部からだとこころ編集あてにお願いいたします。

ISBN978-4-06-524642-9

巻末付録

コピーして家庭内でご使用ください。
公の場で使う場合は、必ず事前に
著者または編集部までご連絡ください

付録① 場所カード

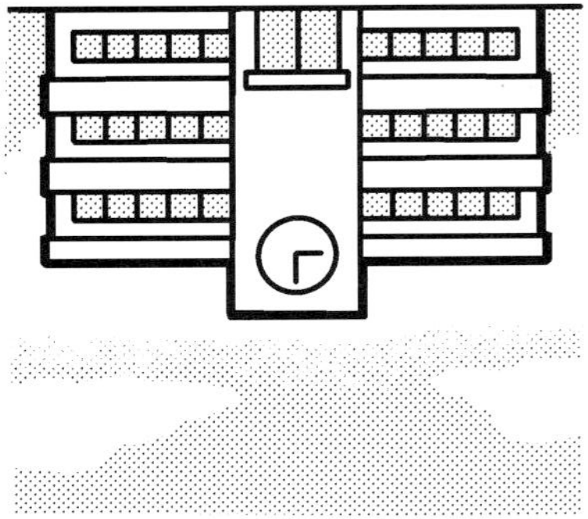

※コピーして使ってください

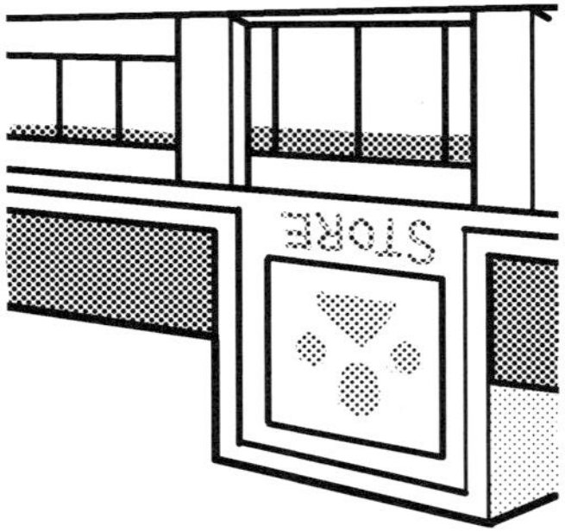

スーパー	じゅく	こうえん	がっこう
でんしゃ	ともだちのいえ	バス	いえ

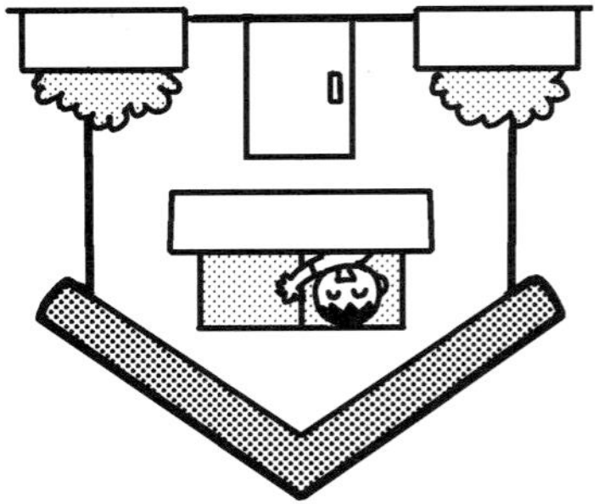

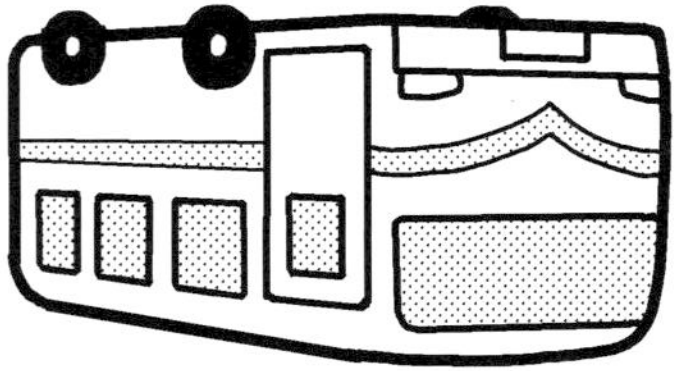

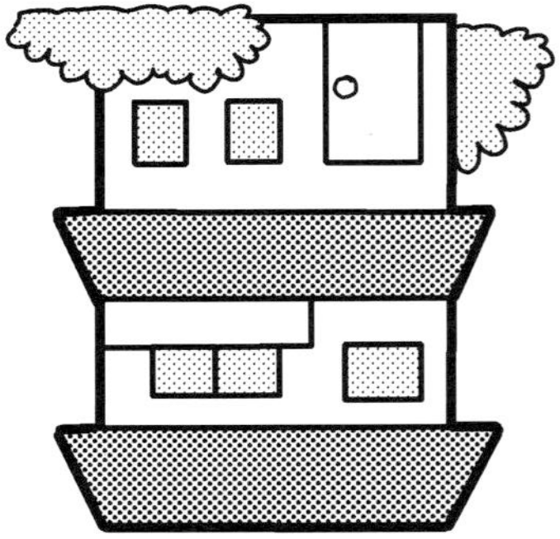

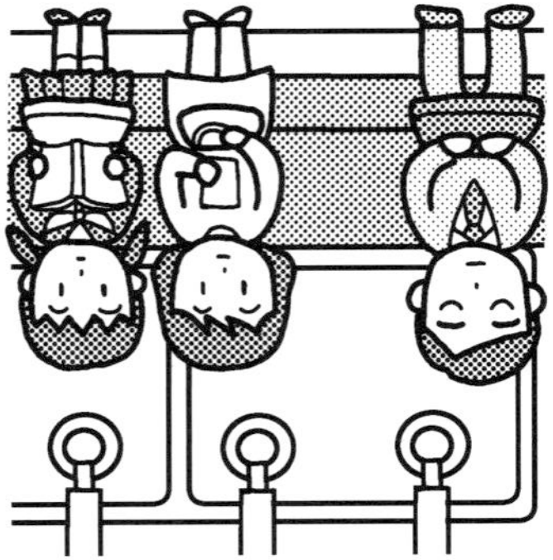

付録② 人物カード

※コピーして使ってください

おとうさん	 ともだち	 うんてんしゅさん	 おじいちゃん
 おかあさん	 ともだち	 せんせい	 おばあちゃん

付録③ あいさつカード

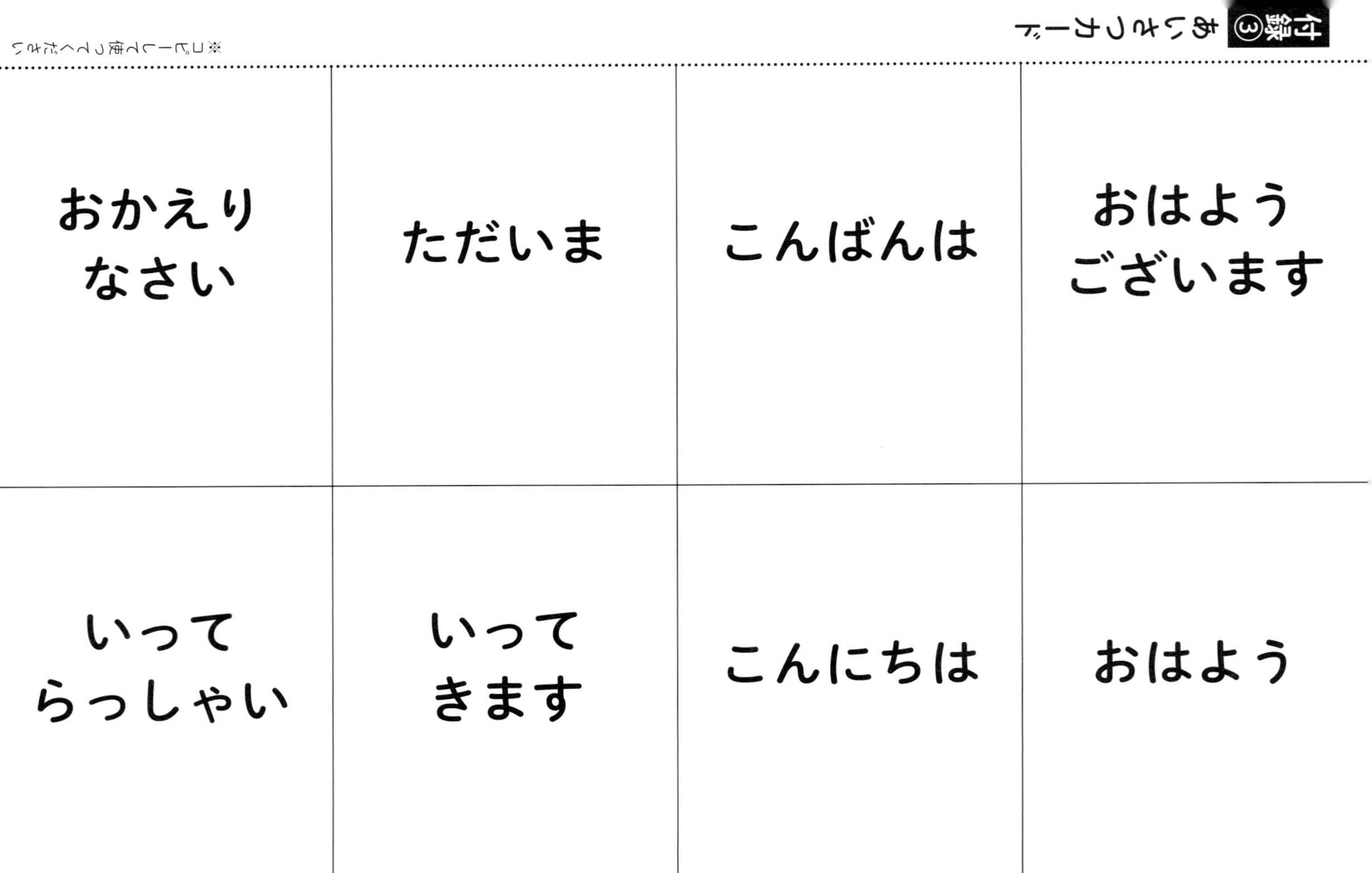

※コピーして使ってください

こんなとき、こんなひとに　なんていおう？

どんなとき？

ひと／ばしょ				

※コピーして使ってください

じこしょうかいシート

1	なまえ	
2	○さい(○ねんせい)	
3	○しょうがっこう	
4	がんばっていること	
5	がんばりたいこと	
6	すきなべんきょう	
7	すきなあそび	
8	すきなたべもの	
9	とくいなこと	
10	おおきくなったら	

わたしのなまえは、　　　　　　　　　　　　です。

よろしくおねがいします。

　　　　しょうがっこう　　　　ねん　　　　くみです。

よろしくおねがいします。

※コピーして使ってください

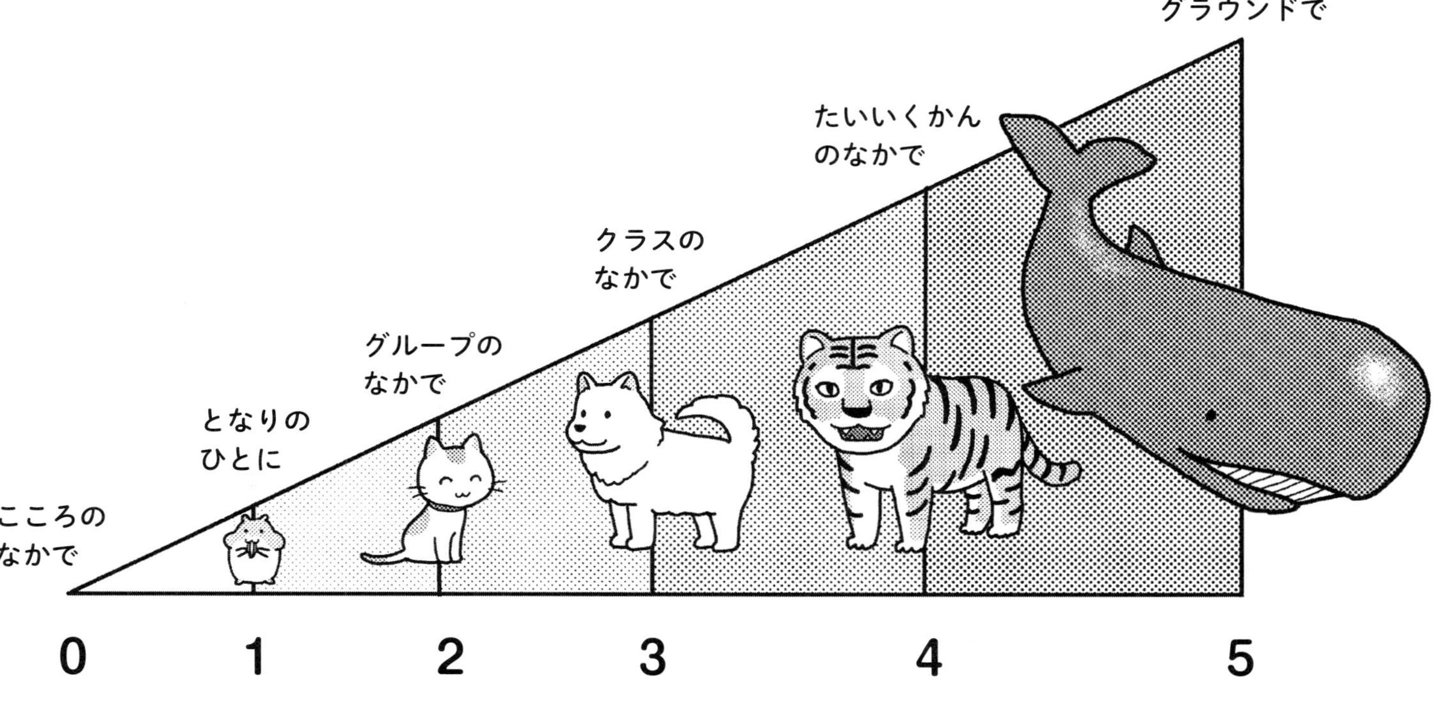

※コピーして使ってください

できてるかな？ きくたいど

じぶんの はなしを やめる

✕ はなし つづける

○ くちを とじる

していることを やめる

✕ つづける

○ いったん やめる

あいてを みる

✕ よそみを する

○ あいての かおを みる

さいごまで きく

✕ とちゅうで はなす

○ はなし おわるのを まつ

※コピーして使ってください

付録⑧ あいづちカード

そうだよね

すごいね！

いいですね

すてき
ですね

うん
うん

へえ～
そうなんだ

そうですね

はい

※コピーして使ってください

付録⑨ 状況カード

※コピーして使ってください

たんじょうびに

をもらった

ペットの

がいなくなった

をして
せんせいに
おこられた

おかずに
キライな

が
はいっていた

に
つれていって
もらった

と
こうえんで
あそんだ

で
せんせいに
ほめられた

ともだちに

を
てつだって
もらった

付録⑨ 状況カード

※コピーして使ってください

いつもみている テレビが やってなかった	しゅくだい を しわすれた	たくさん はしって つかれた	せきをゆずって 「ありがとう」 と いわれた
おにごっこ の おにになった	ともだちに 「キライ」 と いわれた	おてつだいをして 「えらいね」 と ほめられた	ゲームの とちゅうで 「やめなさい」 と いわれた

ころんで
あしを
すりむいた

たんじょうびかい
で
ケーキがでた

あたらしい
おもちゃを
かってもらった

ひとりで
おるすばん

きょうから
なつやすみ

「きょうは
あそべない」
と
いわれた

おかあさん
と
スーパーで
はぐれた

おやつの
おかしが
なかった

※コピーして使ってください

付録⑨ 状況カード

※コピーして使ってください

がっこうに おくれて しまった	かぜをひいて あたまが いたい	きょうは さんすう のテスト	ともだちに 「あそぼう」 といわれた
おばけの ゆめをみた	ともだちが つまずいて ころんだ	おなかが すいた	おとしだま を もらった

付録⑩ 顔カード

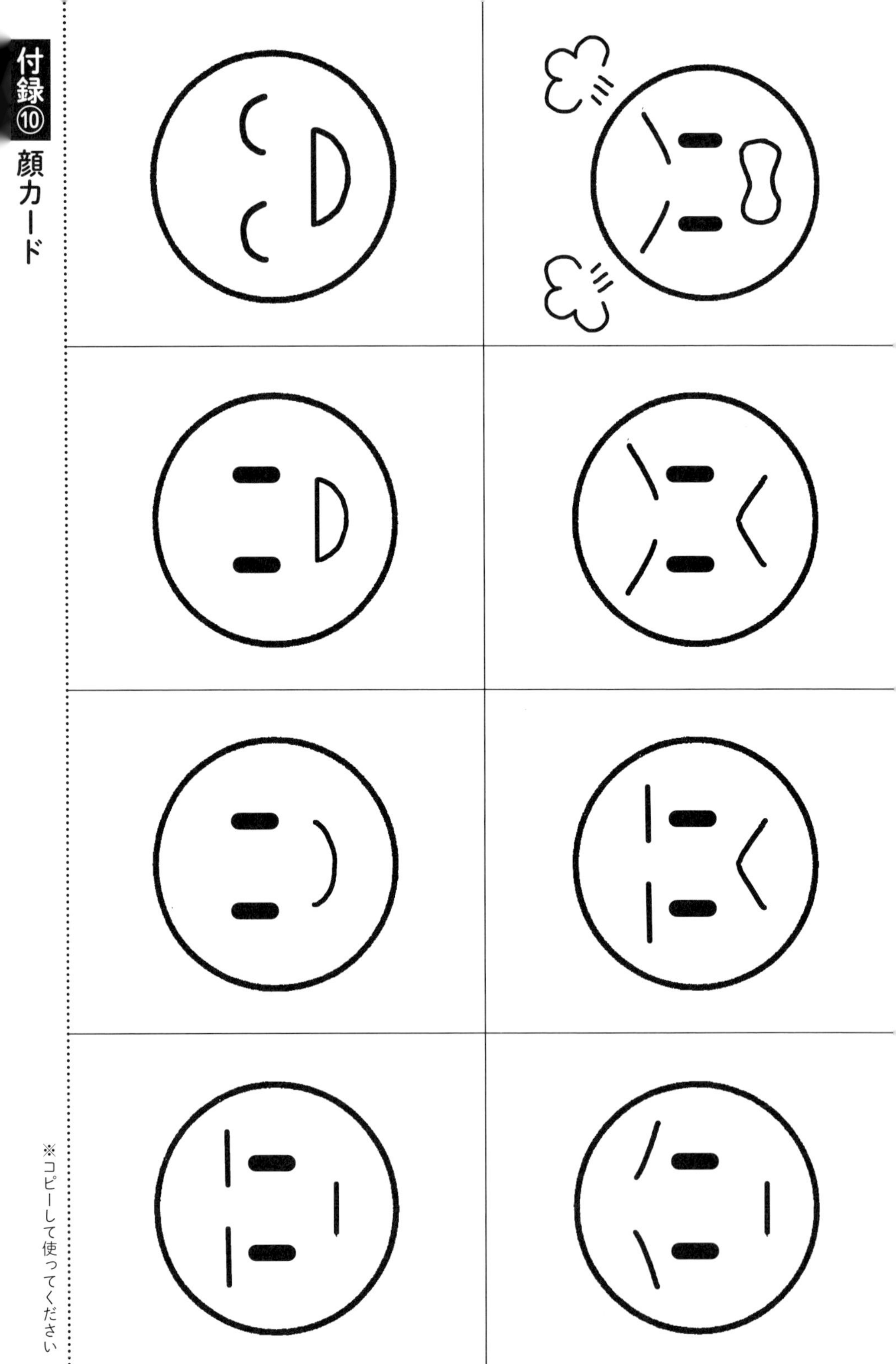

※コピーして使ってください

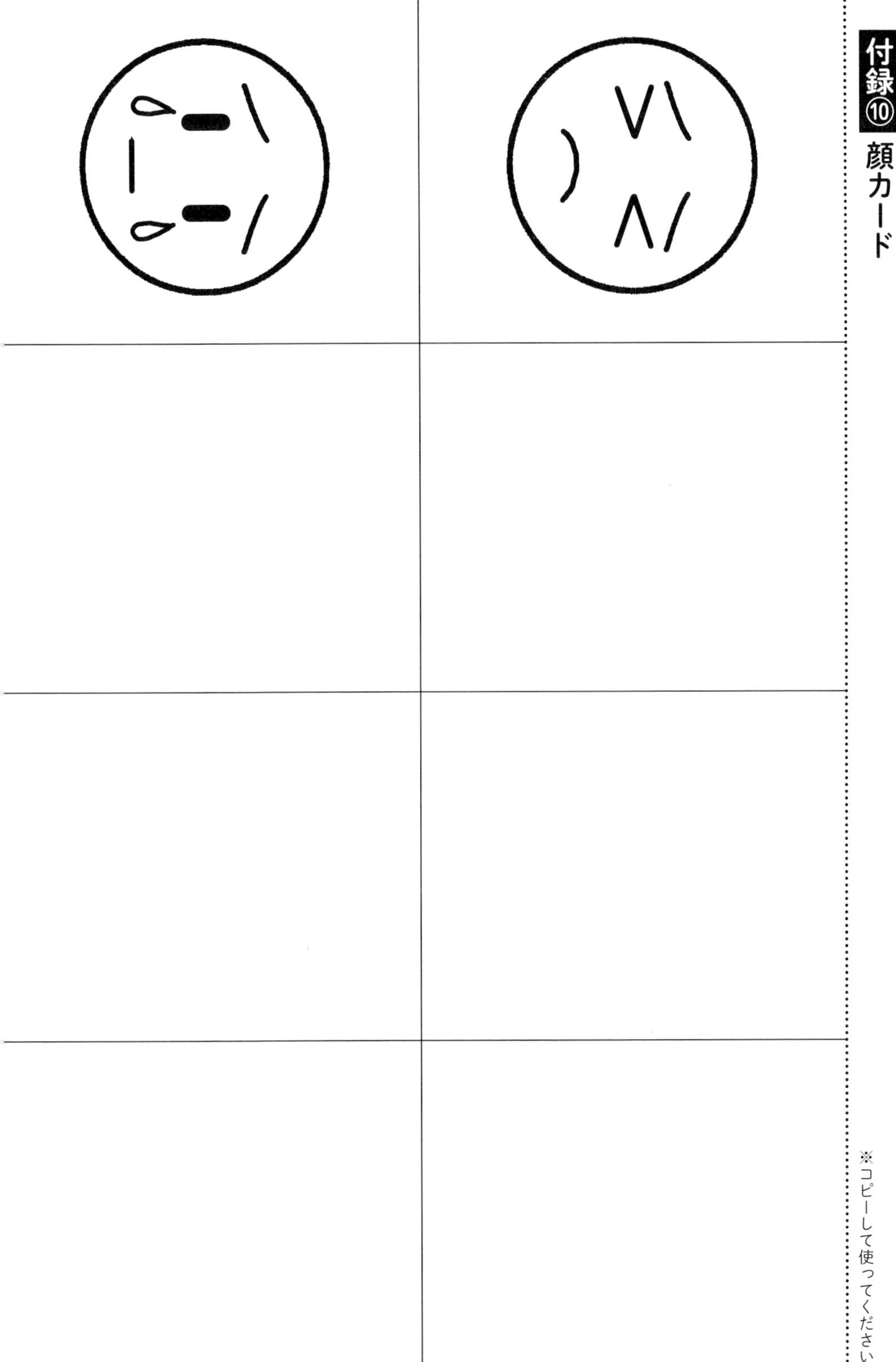

※コピーして使ってください

付録⑪ 表情すごろく

のりしろ

※コピーして使ってください

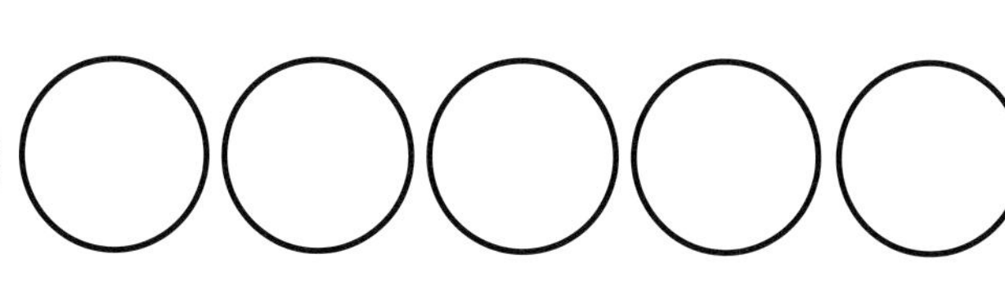

スタート

ゴール

※コピーして使ってください

きもちにっき

いつ　　　　がつ　　　　にち（　　　　ようび）

どうした

なぜ

つぎは、どうする？

※コピーして使ってください

ほめポイント チェック表

日付　　年　　月　　日　　　記入者

出来事

あなたが着目した「子どもの行動」「ほめた内容」「子どもの反応」を書き出しましょう

着目した行動はどこですか（できたこと／やらないですんだ望ましくない行動）	どんな言葉で・態度でほめましたか	子どもの反応はどうでしたか

子どもをほめてみて気づいたことを書きましょう

※コピーして使ってください

ブランクカード（カードの数を増やしたいときに使ってください）

※コピーして使ってください